権威主義

独裁政治の歴史と変貌

エリカ・フランツ
上谷直克＋今井宏平＋中井遼 訳

AUTHORITARIANISM

What Everyone Needs to Know

Erica Frantz

白水社

権威主義

——独裁政治の歴史と変貌

装幀＝コバヤシタケシ

目次

第1章 序論 13

第6章　権威主義体制の権力獲得のしかた　109

第8章　権威主義体制の崩壊のしかた　149

権威主義

凡　例

一、本書は、Erica Frantz, *Authoritarianism*（What Everyone Needs to Know）, New York: Oxford University Press, 2018 の全訳である。

一、訳文中の（　）、［　］、――は原著者によるものである。ただし、一部、原文から取り外して訳出した箇所がある。

一、原文中の引用符（クォーテーション）は「　」で括り、大文字で記された文字についても「　」で括った箇所がある。

一、原文中のイタリック体で記された箇所には、原則として傍点を付した。

一、訳者による補足および簡単な訳註は、すべて〔　〕で括って挿入した。

一、原著で引用されている文献のうち既訳のあるものは、わかる範囲で書誌情報を併記した。また、訳出にあたっては可能なかぎり既訳を参照したが、訳文については必ずしもそれに拠らない。

一、原著の明らかな間違いや体裁の不統一については、訳者の判断で整理した箇所もある。

一、索引は原著に則って作成したが、一部、訳者のほうで整理した箇所がある。

第1章　序　論

本書の目的は何か?

権威主義体制については共通のステレオタイプがある。古典的な説明では、権威主義体制は残酷で抑圧的なものであり、そこでは一人の特異な個人が権力を握っている。この描写が的を射ている例として、ウガンダのイディ・アミンやイラクのサッダーム・フセインらがいる。また、自分が好まない顎鬚《あごひげ》・ロパク・金歯のすべてを違法とし、運転免許試験を通過する要件として（自著で）霊的な冥想本『ルーフナーマ』の精読を課したトルクメニスタンのサパルムラト・ニヤゾフや、かつて「処刑は、政党をつくった者のさだめである」と語ったリビアのムアンマル・カダフィなどの、悪名高い独裁者のニュースがこういった印象を強めている(1)。

しかし多くの場合、こうした権威主義の描写は政治的現実とは一致しない。人民行動党が支配するシンガポールでは、政治的自由にいくぶん制約はあるものの、かなりの政治的多元性が存在する。野党は選挙で競合し、代議員も獲得することができる。リーダーは決して独断では行動できず、党エリートへの説明責任を有し、こうしたエリートらがリーダーの継承をコントロールしている(2)。

いいかえれば、古典的なステレオタイプに合致する権威主義体制が存在する一方で、人びとが共通して抱く権威主義支配像とは異なる体制もある。北朝鮮の金正恩《キムジョンウン》はタンザニアのジョン・マグフリより頻繁にニュースの見出しを飾るかもしれないが、両者ともに権威主義体制を統治しているのである。

本書の目的は、こうしたステレオタイプを払拭し、読者がより正確に権威主義政治を理解できるようにすることである。また、権威主義支配に関する理論的で経験的な研究を踏まえる本書を読めば、権威主義についてのもっとも重要な疑問に明快に答えられるようになるだろう。権威主義政治の分野での主要な理念や知見や議論を概観し、なぜそれが重要か理由を明確にしつつ、読者が容易に権威主義政治を解釈できるよう最先端の研究も紹介する。また、理論が現実に役立つよう、本書は世界中の実例を示しながらこれらの議論を補う。

本書を通じて読者は、背景情報を踏まえつつ最近の世界の政治動向を理解し、また、それがどれほど現代の権威主義についてわれわれが知っていることと一致するかを解釈できるようになるだろう。

なぜ権威主義が重要なのか?

こんにちの世界的な政治情勢では、権威主義についてよりよく理解を深めることがあらためて重要になっている。権威主義は、数十年にわたる衰退を経てふたたび興隆しつつある。監視団体フリーダム・

ハウスの二〇一七年報告によると、過去一一年連続で世界的に政治的権利や市民的自由が悪化した[3]。近年、タイ、マリ、トルコ、ハンガリー、そしてエクアドルといったきわめて多様な国々で民主主義の諸原則が侵されている。

最近の傾向は、過去数十年間にみられたような一般的な体制拡散のパターンから著しく逸脱している。いわゆる冷戦が立ち消えるなか、世界における民主主義国の割合は、一九七九年の二五％から二〇一四年の六〇％へと急増した[4]。そして一九七〇年代から一九九〇年代のあいだに、世界中の権威主義体制——ラテンアメリカの大部分、南・東欧、東アジアを含む——はドミノのごとく倒壊した。そして最近、ブルキナファソやチュニジア、クルグズスタン（キルギス）のような長らく権威主義を経験した多くの国々へも民主主義がもたらされている。

だが、こうした流れや近代化論の楽観的な期待、そして民主化の「第三の波」（詳細は第3章で）にもかかわらず、権威主義体制は世界的な政治風景のあちこちに依然として存在している。くわえて、現在、数において民主主義国は権威主義国を超えてはいるが、もし近年の傾向が続けば、その優位は逆転するだろう。民主主義が、抑圧の少なさや貧困率の削減、内戦や国家間戦争の少なさといった規範的に望ましい結果と相関することを踏まえると、こうした流れは国際共同体の多くの局面に問題を引き起こすことになる[5]。

このように権威主義が広く行きわたり持続している以上、権威主義のもとでは誰が重要なアクターとして活動し、彼らがどのように権力を奪取し、生存をかけてどんな戦略を駆使するのか、そしていかに失墜するのかといった、権威主義体制のもとでの政治の動きをよりよく理解することが重要になる。逆に、そうした理解があれば、権威主義体制と交渉する際に、その現在や今後の動きを正確かつ実証的に分析・評価できるだけでなく、より情報豊かな外交手段の発展に道が開かれるのである。

権威主義政治を理解するうえでの課題とは何か?

民主主義体制と比べて、われわれは権威主義体制下の政治の行なわれ方についてほとんど知らない。ひとつの理由として、これまで権威主義政治に関する社会科学的な研究があまり注目されていなかったせいでもある。(6) 歴史的に、学者らは民主主義体制ほど権威主義体制を熱心に研究してこなかったが、近年そうした傾向に変化がみられる。とくにここ数十年、権威主義政治に専心する研究は劇的に増加しているが、それはおそらく、権威主義体制がすぐにはなくならないと気づかれはじめたからであろう。(7) ともかく、こんにち権威主義体制は世界の三分の一の国々を支配し、当面、それが著しく衰退するような兆しもない。

このように権威主義政治への学術的関心は徐々に高まってはいるが、その体制下の政治力学についてのわれわれの理解は、民主主義体制下の政治行動に関する知識に比べて相変わらず薄弱なままである。権威主義体制の研究は困難であることで悪名高い。なぜなら多くの場合、権威主義的文脈での体制内政治には衆目が及ばず、メディアは検閲され、信頼できるデータは入手困難で、政府の支援するプロパガンダが広く行きわたっているからである。いいかえれば、権威主義体制の研究が難しいのは、それがまさに権威主義体制だからである。

ラオスの例をみてみよう。一九七五年以来この国では、ラオス人民革命党（ＬＰＲＰ）による一党支配が続いている。もっとも主要な政治決定は五年ごとに開催される党大会においてなされ、もっとも重要な政治権力は党中央執行委員会の手中にある。しかし、こうしたラオスにおける政治システムの基本的特徴を除き、ラオス政治がいかに機能するのかはほとんど知られていない。たとえば、議会までの期間は、ラオスの政策決定を特徴づける「過度の秘密主義」のために、「噂の的」のひとつとなる。[8] 観察者は、何が起こりうるかを推測するしかない。少なくとも紙の上では、この国でどの種の人間が政治的影響を振るうかを評価できるが、交渉がどのように行なわれ、主要なアクターや制度のあいだでのパワーバランスがどのようなものかは往々にして曖昧であり、各々の解釈に委ねられる。ラオスの政治的秘密主義は情報入手を困難にしており、厳しく統制されたメディアが問題を悪化させている。公になされるあらゆる形態の政府批判は禁じられている。たとえば二〇一四年に政府は、インターネット上での与党批判を刑事犯罪に処するとした。[9] 政府はほとんどのメディアを所有しており、外国の記者や国際組織は、公刊前の記事や報告書を当局に提出して編集を受けなければならない。[10] ラオス政治の行なわれ方についての詳細な知見を得るのは非常に難しく、それゆえおのずと憶測を帯びたものとなることに疑いの余地はない。

ラオスの例は極端にせよ、ほとんどの権威主義体制において、政治の操作手順は非公式のガイドラインにもとづいている。[11] これが意味するのは、明文化された政治ゲームのルールを調べても実際の政治的実践についてはほとんどわからないことが多く、また透明性よりも秘密が好まれることで、そうしたルールがさらに不明瞭なものになるということである。

このせいで観察者は、誰が事実上のリーダーであるとか、誰が彼（独裁者の圧倒的多数は男性である）に挑戦しうる力を持つのかといった、権威主義体制下の政治のもっとも基本的な問題にさえ答えるのが難しくなる。たとえば、二〇〇八年から二〇一二年にロシアの大統領を務めたのはドミートリー・メドヴェージェフであったが、ほとんどの観察者はプーチン首相がこの国のリーダーだとみなしている。しかし一方、プーチンからの自立を確かなものとすべく、在任中、メドヴェージェフがさまざまな努力をしたとして、右の主張に異議を唱える者も存在する。この見方を支持するかのように、二〇〇九年にメドヴェージェフはつぎのように述べた。つまり、「私がこの国のリーダーである。私はこの国の元首であり、権力の分立はこの事実にもとづいている」と[12]。

さらに悪いことに、メディアは通常、権威主義体制下の政府の行ないを報道するに際し、深刻な障壁にぶつかる。多くの場合、政府がリリースする情報は、ときに経済成長率のような基本的な情報さえ、偏りがあるか意図的に不正確な状態で出されるからである[13]。

これと、多くの民主主義国での実際とを照らし合わせてみると、通常、リーダーが誰かはきわめて明白である。民主主義体制下でも完璧というわけではないが、概して政策決定やリーダーの選抜には透明性がある[14]。どちらのプロセスも一般的に明確に規定されたルールに従い、比較的自由なメディアの監視のもとで行なわれている。

要するに、まさに権威主義政治の本質そのものが、権威主義体制下の政治を理解しようとする者に対し、さまざまな困難をもたらしているのである。

権威主義体制とは何か？

学者によって権威主義体制の定義のしかたはさまざまである。本書でいう政治体制とは、「リーダーや政策の選択に誰が影響を及ぼせるのかについての一連の公式・非公式のルールであり、そこには、どの集団からリーダーが選出されうるのかに関するルールも含まれる」というものである[15]。したがって、ある体制が権威主義と呼ばれるのはつぎのような場合である。たとえばカストロ兄弟統治下のキューバのように、執政者が非民主的な方法、すなわち、比較的自由かつ公正な直接選挙以外の何らかの方法で権力を獲得した場合、もしくは、レジェップ・タイイップ・エルドアン支配下のトルコのように、もし執政者が自由で公正な選挙で権力を獲得したとしても、その後にルールを変更して、(執政府であれ立法府であれ)のちのちの選挙競合に制限を課すようになった場合である[16]。いいかえると、本書が使用する権威主義体制の操作的な定義において、権威主義体制と民主主義体制とを分ける際立った要因は、政府が自由で公正な選挙で選ばれるか否かである。

ただしこの定義は最小限のものである。実際、この定義には人権侵害や抑圧行為は含まれていない。しかしもちろん、そうした行為が、選挙プロセスにおいて反対派が正当に競争するのを妨げるほどひどくなれば話は別である。同じくこの定義は、豊かさのレベル、経済の開放度、政治的な安定性、国家の能力には触れていない[17]。この定義は、権威主義政治を扱った主要先行研究の大半と一致しており、そこでは民主主義体制は「統治する者が競争的な選挙を通じて選ばれる」政治体制とされ、権威主義体制は「民主主義体制ではない体制」とされる[18]。

こうした権威主義体制の定義のもとでは、さまざまなリーダーが権力に往来しうる。共産党支配下の中国や、ソモサ一族支配下のニカラグアが、これをよく例示している。また、同じくキューバのように、同じ権威主義期（spell）の名のもとに、異なる種類の権威主義体制が現われることもある。キューバは一九五二年以降ずっと権威主義であるが、この間に二つの異なった権威主義体制が国を支配した。つまり、最初は一九五二年から一九五九年までのバティスタによる権威主義体制であり、その後、一九五九年から現在までのカストロおよびその弟のもとでのそれである。[19] 第2章では、こうした相違やそれが重要な理由について詳細に論じることになる。

ときとして権威主義体制の定義が文献ごとに異なるため、本書では必要に応じて、それぞれの理論がどのような場合に権威主義を違ったふうに捉えるのか、またそうした概念化が権威主義政治を理解する際にどのような影響をもたらすのか明らかにしていく。

権威主義体制の概念は歴史的にどのように変化してきたか？

権威主義体制は、古代エジプトのファラオ、ローマ皇帝、ヨーロッパの絶対君主が例示するように、何百年も前から存在してきた。しかし、こんにちの権威主義体制は、先達らが何世紀も前に統治していたころと比べてかなり発展している。

初期の権威主義体制は、典型的には君主や首長だけが権力を有する唯一の個人で、普通は権威が集中しており、またそうでないふりをしようともしなかった。[20] 完全な支配状態を隠すのではなく、顕示することこそが重要であった。それに比べてこんにちの権威主義体制は、より多様な振る舞いをみせる。権力が一個人の手に高度に集中する国もあれば、エリートからなる指導集団に分散している国もある。こんにちの権威主義体制では、個人支配の場合であっても、自らが権威主義的であることを隠そうとすることが多い（本書で強調される側面のひとつである）。たとえばヨルダンとカタールは、リーダーを決定するのに世襲を用いる君主独裁であるが、過去とは異なり、議会や選挙などの一般的には民主主義と結びつけられる諸制度も備えている。

権威主義体制の概念化のしかたが、こうした動きにあわせて変化してきたのは驚くことでもない。例として、こんにちの権威主義体制の定義の多くは、それが民主主義体制とどのように異なるかを強調するが、政府の一形態としての民主主義が一般的になり、広まったのはここ数世紀でのことである。権威主義の概念化は、権威主義の顕在化とともに発展してきたので、両者を同時に参照する必要がある。

初期の権威主義支配の経験に関する研究は豊富だが、ここでは、二〇世紀初頭からの展開に焦点を当てる。

一九〇〇年代前半には、新しい民主主義国が世界的に台頭してきたが、ワイマール・ドイツのような深刻な課題にも直面した。こうした動きに触発され、規範的な色合いをもって「理想的な」政府形態を分析の中心に置く、権威主義支配に関する理論研究が促された。当時の学者の大半は、寡頭制支配の利点を強調し、自由民主主義の可能性を疑問視していた。実際、われわれは民主主義を政府の好ましい形態だと考えがちだが、「一九四五年以前では自由民主主義という考えそのものが忌み嫌われていた」のである。[21] 政治的な左右両サイドの観察者たちから、自由民主主義は重要な社会問題、とりわけ政治家の腐敗などの問題に対処できないと批判されていた。

このような批判は、当時のエリート理論家であるガエタノ・モスカ、ロベルト・ミヘルス、ヴィルフレッド・パレートらからきており、彼らは寡頭制支配こそが社会的・政治的な組織のもっとも実現可能な形態だと提言した[22]。また彼らは、あらゆる政治システムで、少数のエリート集団が大規模で無秩序な大衆市民を支配していることを観察した。この推論によれば、エリートの知的優位性と大衆の無秩序さとが相まって、協調的な政治活動にはエリートの統治が必要となる。たとえばカール・シュミットは、一九二一年に著わした『独裁』のなかで、緊急時には政府が強大な権力を要するため、権威主義的な支配が必要だとしている[23]。この見解からすれば、自由民主主義は実現不可能である。エミリオ・ラバサは、メキシコ政治およびベニート・ファアレスとポルフィリオ・ディアスによる権威主義体制の分析のなかで同様の考えを提唱し、権威主義支配の期間は自由民主主義に必要な先駆けであると示唆している[24]。

しかしその後の世界の発展で、実在する権威主義体制のタイプが変わり、結果として、それらに関する学者たちの考えも変化した。第二次世界大戦の余波で、新たな概念が出現することになる。全体主義である。全体主義に関する研究は、とりわけナチス・ドイツとソ連というほんのひと握りの悪名高い権威主義体制の経験から多くを引き出しつつ、この種の体制に固有の多くの特徴を明らかにした。たとえば、ハンナ・アーレントは後世に影響を与えた著書『全体主義の起原』のなかで、全体主義体制とは極端な形態の権威主義的支配であり、そこではリーダーが「原子化され、孤立した個人」を完全に支配すると述べた[25]。こうした体制では、イデオロギーが政治権力の中心を占め、理想社会の幻想を永続させようと、政府のプロパガンダが蔓延している。政府はこれらのメッセージを利用しつつ、自らのビジョンに沿って社会を根本的に変革し、恭順を確保するためにテロを活用した。その他の学者たちもアーレントのテーマを取り上げ、全体主義には、単一政党への依存、高度に洗練された体制イデオロギーの使用、そして強力な治安機構の維持といった、決定的に重要な特徴があると強調している[26]。

だが、第二次世界大戦のころから、全体主義の型に沿わない新たな独裁が出現するにつれ、この概念は分析上の魅力を失いはじめた。たとえば、東欧やアジアの多くの共産主義体制は全体主義モデルを模範としていたが、その他の体制はまったく異なる振る舞いをみせていた。フランシスコ・フランコ将軍下のスペインを例にとると、彼の体制は社会を根底から変えようとはしなかったし、支配権を維持するためにそれほどイデオロギーにも依存しなかった。その代わり、大衆の脱政治化と動員解除が中心的な目標であった。学者たちは、イデオロギーの役割や市民‐体制間関係の性質を全体主義体制下のそれと対比させて、そうした体制を「権威主義」と呼んで区別した。しかし、やがて権威主義体制を区別する手段としてイデオロギーの存在を強調する声も薄れ、概念としての全体主義体制は分析上の有効性を失ったのである[27]。

第二次世界大戦は多くの植民地帝国の崩壊をもたらした。そのため、この時期に出現した新たな権威主義体制の多くは、一九五〇年代から一九六〇年代にかけて発展途上国の大部分を席捲した独立運動の後に生まれたものである。独立闘争の間、反対派集団は支持者を動員する手段としてたびたび政党を利用し、その後に権威主義体制が確立されたところでは、同じ政党が支配的であり続けることが多かった。たとえば、一九六三年の独立後にケニアを支配したケニア・アフリカ民族同盟や、一九六五年の独立後にシンガポールを統治した人民行動党などである。実際、第二次世界大戦後に出現した権威主義体制の多くは、まさにナチス・ドイツやソ連のように、支配政党を特徴としている。しかし、どの程度まで特定のイデオロギーや社会変革、大衆動員を強調するのかにおいて、その内容は多岐にわたっている。これらの発展は、支配政党による統治に関する新しい考え方や、それを分類する努力を促した。たとえばサミュエル・P・ハンティントンとクレメント・H・ムーアは、支配政党の強さにもとづいて支配政党体制の下位分類を生みだした(28)。強い支配政党体制では政党が至高の存在であるのに対し、弱い支配政党体制ではリーダーや軍部が最高の存在である。体制政党による権力闘争の熾烈さと期間とを分析することで、そうした多様な経路を説明することができるのである。

冷戦下の地政学的な力学は、一九七〇年代、とくにアフリカやラテンアメリカに多くの軍事独裁をもたらした。これらの体制のなかには、イディ・アミンのもとでのウガンダのように、軍服を着た一個人が統治したものもあった。また、ブラジルの軍評議会のもとでのように、制度としての軍全体で権力を掌握していた国もある。このため、軍事支配の特徴を分析し、それらの体制を相互に区別しようとする試みがなされるようになった。たとえばエイモス・パールマッターは、軍事独裁を二つのカテゴリーに分け、ひとつを、権力の極大化を目指し文民を安定への脅威とみなす支配者型とし、他方を、国の秩序回復を目的とし長期間統治する意思がほとんどない仲裁者型とした(29)。

この時代にはまた、とくにサハラ以南のアフリカで強大な支配者が出現した。例として、現在のコンゴ民主共和国（旧ザイール）のモブツ・セセ・セコ体制や、中央アフリカ共和国のジャン＝ベデル・ボカサの統治などがあげられる。これらの体制は、数十年も前にラテンアメリカ地域の多くを統治していたカウディージョに似ており、ほかのアクターの影響を受けずにリーダー単独で主導権を握るのが特徴である。また、マイケル・ブラットンやニコラス・ヴァン・デ・ウォールによる、サハラ以南のアフリカにおける新家産主義的支配など、こうした体制をよりよく理解するための新たな研究も活発になっている[30]。

冷戦の終結は、権威主義の風景にさらなる変化をもたらした。権威主義体制に対する政治改革に向けた国際的圧力（たびたび対外援助と結びついている）は、多くの国で政治システムの開放をもたらした。冷戦終結以前にも、多くの権威主義政権は議会や複数政党による選挙競合を備えてはいたが、一九九〇年以降は、その割合は大幅に増加した（この問題については本書を通じて詳細に論じる）。こんにちでは、こうした擬似的な民主制度を備えた独裁制が主流である。これらの動きを理解するために、「ハイブリッド」、「グレーゾーン」、「選挙権威主義」、「競争的権威主義」など、多様な新しい用語が生みだされた（第5章で説明）。

要するに権威主義体制は、歴史的な出来事や世界規模の政治の変化に対応しつつ、時間とともにかなりの進化を遂げてきた。そして、それにともなってわれわれの概念化も進化してきたのである。

権威主義体制、独裁、専制は同じものなのか？

本書では、そのとおりである。過去の研究では、「権威主義体制」、「独裁（dictatorship）」、「専制（autocracy）」の用語は明確に区別されていた。しかし現代では徐々に、それらの用語は置き換え可能なものとして使用されており、本書もそれに従う。もし特定の研究が意図的に三つの用語を区別している場合には、そうした違いが明示的に説明されるだろう。しかしそうでなければ、本書ではそれら三つを同じものとみなす。

複数政党による選挙が定期的に実施される場合でも、依然として権威主義たりうるのか?

複数政党による定期的な選挙と民主主義とを結びつける考えは一般的なものである。結局、民主主義を定義づける特徴は、自由で公正な選挙競合である。しかし、必ずしもすべての競争選挙がこの要件を満たすわけではない。単に複数政党による選挙を実施するだけでは、その選挙が自由で公正なものであるのかどうかは保証されない。自由な選挙とは、成人人口のほとんどが投票できる選挙のことであり、公正な選挙とは、複数の政党が参加可能で、しかも、大規模な不正のない比較的公平な選挙戦場で競争できる選挙のことである。もし政府が、たとえば、ある民族集団などの特定の層の投票行為を禁止する場合、その選挙は民主的なものではない。同様に、もし政府が、主要政党の競合への参加を禁止したり、そのリーダーを投獄したり、自らの勝利を確実にすべく投票を不正操作するような場合(これらは不公平性のあくまで一例にすぎない)、その選挙は民主的ではない。これは、複数政党による選挙でも、自由や公正の基準を満たしえない可能性が大いにあることを意味し、結果として、権威主義的な文脈においてさえ、平然と複数政党選挙が実施されうることを意味している。

それゆえ複数政党による選挙の有無だけでは、ある国の政治体制が権威主義的なのか民主主義的なのかほとんど何もわからない。このような評価を行なうためには、選挙戦の性質や、選挙戦前後における政府の行動などについてより詳細な情報が必要となる。たとえば、選挙当日には激しい選挙競合にみえても、現職が野党のメディアへのアクセスを禁止するなど、それ以前に生じていた不正行為を隠蔽している場合がある。同様に、現職者が競争的な選挙で敗北したにもかかわらず、投票結果を無効にして、権力に居座ることもある。つまり、複数政党による競争選挙はそれのみで民主主義的な支配を意味するものではないということである。

実際、現代の独裁の多くは、複数政党による選挙など、民主主義を模倣した諸制度を特徴としている。こうした諸制度の存在は、「ハイブリッド」、「グレーゾーン」、「選挙権威主義」、「競争的権威主義」体制の定義的属性ではあるが（これらの用語は第5章で説明する）、実際にはこれら権威主義体制の下位類型に特有のものではない[31]。現代の独裁では、複数政党による選挙が定期的に実施されるのが一般的である。

ほとんどの学者は、権威主義体制が、その生存のために擬似的な民主制度を備えているということに同意している[32]。それを説明する論理はさまざまであるものの、実際、複数政党や議会、定期的な選挙などを持つ独裁のほうが、そうでない体制よりも長続きする証拠が存在している（第7章で詳しく取り上げる[33]）。

生き残るうえでのメリットもそうだが、すでに述べたとおり、冷戦後の地政学的な力学によって、権威主義体制が擬似的な民主制度を採るのを促されたという理由もある。たとえば一九七〇年には全独裁のうち五九％が複数政党による定期的な選挙を実施していたが、二〇〇八年（データのある直近年）では、全独裁のうち八三％がそれを実施している[34]。これは、こんにちの独裁の大部分が、複数政党による選挙競争を特徴としていることを示している。

本書が焦点を当てるのは歴史上のどの時期か?

本書は現代の権威主義についてのものである。したがって、権威主義政治を扱う現代の多くの研究と同様、主に第二次世界大戦後から現代までの権威主義政治のダイナミクスに焦点を合わせる。第二次世界大戦を契機に多くの植民地帝国が崩壊し、一連の独立運動が世界中で始まった。結果として、その後数年のうちに世界の国の数が劇的に増大したため、現代の権威主義を分析するのに、第二次世界大戦を出発点とするのが理にかなっている。

本書がなぜ権威主義政治の長期的な傾向を重視するのか?

すでに説明したとおり、本書が参照する研究のほとんどは、第二次世界大戦後の権威主義政治を分析したものである。そして、これらの研究から浮かび上がる重要な知見のほとんどは、一九四〇年代や一九五〇年代のものに対してと同様、こんにちの権威主義体制にも適用可能なものである。ほとんどの場合、当時重要であった政治アクターはいまもそうなのであり、またその選好も当時と変わらないのである。

しかし冷戦期と比較すると、冷戦後ではさまざまな局面で権威主義的な政治的ダイナミクスが変化していることがわかる。冷戦期では多くの国々が、米ソが展開する戦略的ゲームの駒となっていた。ほとんどの国が権威主義体制を確立するよう誘導された（場合によっては強要された）だけではなく、当時既存の権威主義体制もしばしば、その支配を支えるべく財政的または物質的な支援を受けていた。そして往々にして、権威主義体制は、交渉力を高める手段として共産主義の脅威を誇張したり（また逆に、共産主義へのコミットメントを誇張したり）することで、こうした力学を自らに有利となるよう利用していた。しかし冷戦終結後、これらの地政学的関係の多くは解消された。外部からの支援が激減することによって、多くの権威主義体制の深刻な脆弱性があらわになり、世界規模の民主化の波がお膳立てされたのである（第3章で議論する）。

冷戦の終結後、国際社会に生まれつつあるコンセンサスは、民主主義がより好ましい政府形態であるということである。それゆえ、しばしば各国は、外部からの資金や物資援助を得るため、民主主義的な規範や諸制度への支持を表明しなければならない。こうした圧力の存在は、多くの権威主義体制が擬似的な民主制度を帯びるようになっている部分的な理由でもある。

これらの例は、権威主義政治の本質に大きく関わる部分において、冷戦期と冷戦後の地政学的条件がいかに異なっているかを示している。

こうした理由から、本書では、時の経過とともに生まれた権威主義のさまざまな傾向に特別な注意を払っている。また、現在の権威主義的な政治的ダイナミクスが過去とどのように異なるのか、またなぜそうした違いが重要なのかを強調している。したがって読者は、広い意味での権威主義政治がいかに作動するのか、またそれがいかに漸進的に変化し、また今後も変化し続ける可能性があるのかをきちんと理解して、本書を読み終えることになるだろう。

本書では権威主義体制を測るのにどのようなデータが使用されるのか?

本書では、必要な個所で、権威主義体制についての基礎的な統計を示している。これらの統計は、とくに断りのない限り、「権威主義体制データセット(The Autocratic Regimes Data Set)」から引用している[35]。このデータセットは、人口一〇〇万人以上の国における権威主義体制の開始日と終了日を測定している。またこれは、権威主義体制のタイプ(第5章で詳しく説明する、個人独裁、軍事独裁、支配政党独裁、君主独裁のいずれか)や、それらがいかに終了したか、またその後、民主主義体制か新しい権威主義体制のいずれが引き継いだかなどを測定している。元のデータセットでは一九四六年から二〇一〇年までがカバーされているが、その多くの変数については、筆者が二〇一四年分まで更新した。したがって、本書で示す権威主義体制の統計は、データの入手可能性やそれらがカバーする年(二〇一〇年まで、または二〇一四年まで)によって異なっている。これについては、必要な場合に注記する。

以下の章で何を学ぶのか?

本書の目的は、権威主義政治について読者に明確により理解してもらうことである。そのために、権威主義体制下でいかに政治がなされるのかという基本や、また重要な事柄に権威主義体制がいかに作用するのかについて説明する。

　第2章では、それに続く各章へのお膳立てをする。権威主義体制では誰が重要なアクターで、その選好や利害が何なのかを明らかにする。そこでは、権威主義の文脈では概して、リーダー、エリート、そして大衆という三つのアクターの相互作用が中心になるということが示唆される。リーダーとエリートは、より大きな政治的影響力を望むべく、絶え間ない権力闘争に従事し、大衆の重要なセクターからの支持をつなぎとめるのに力を尽くす。権威主義の制度環境（第5章参照）に応じて、こうした闘争の生じ方やその政治的帰結の如何が決まる。そして章の終わりに、分析単位としての権威主義リーダーと権威主義体制とを区別することの重要性を説明する。なかにはリーダーと体制とが区別できない場合もあるが、多くの場合、あるリーダーの任期をはるかに超えて体制はとどまり続ける。また同様に、権威主義体制と権威主義期の違いや、権威主義政治を分析するのにそうした区別がなぜ重要なのかが論じられる。とくに、同じ権威主義期のあいだに、複数の権威主義体制が盛衰しうる。たとえば、ニカラグアは一九三六年から一九九〇年までのあいだ一貫して権威主義であったが、二つの異なる権威主義体制を経験した。すなわち、一九三六年から一九七九年までのソモサ一族による体制と、一九七九年から一九九〇年にかけてのサンディニスタ民族解放戦線によるそれである。この章ではこうしたいくつかの区別とその含意について明らかにする。

　第3章では、権威主義の展望を描く。そこでは、経済状況と政治体制のタイプとの関係を説明し、それらを結びつける因果関係のメカニズムを解き明かす。何十年も前に近代化論者らが観察したように、民主主義と経済発展は相性がいいようにみえる。つまり、豊かな国であるほど民主主義的である可能性が高く、貧しい国ほど権威主義的である可能性が高い。本章では、その理由に関する知見を提供する。また、民主化の「波」と「揺り戻しの波」とは何か説明し、いつ、そして、なぜそれらの波をみることになったのかを解明する。またこんにち、どこに権威主義体制がみられるのか、そして第二次世界大戦後、その種の体制がどのように地理的に分散してきたのかを論じて本章を締めくくる。

第4章では、権威主義リーダーシップに焦点を絞る。すべての権威主義リーダーは、できるだけ長くその地位にとどまるという共通した目標を持っている。このためほとんどのリーダーは在任中、重要ポストの任命権や政策への指導権、治安組織など、できるかぎり多くの政治手段に対し個人的な統制を効かせようとする。ウガンダのアミンのように権力の最大化に成功する者もいるが、イランのマフムード・アフマディーネジャードのように、そうではない者も多い。この章では、権威主義リーダーの行動について、とくに個人化、すなわち、リーダーの手に権力を集中させるプロセスに重点を置く。また個人化が、世界規模の民主主義や経済的繁栄、その他の関心の高い帰結に及ぼす負の影響について論じ、またそれが、権威主義的な文脈で、世界的に増加していることを示し、その発生が示す警告の兆候を明らかにする。また本章では、概して権威主義リーダーがどのように権力から離脱するのか、また離脱後に何が起こるのか、そして、退任後の懲罰への恐怖が、いかにリーダーを攻撃的で利己的な行動に駆り立てるのかなど、基礎的な情報提供を行なう。

第5章では、分析の対象を権威主義体制にまで広げる。制度的革命党（ＰＲＩ）支配下のメキシコや、ソモサ一族のもとでのニカラグアといった事例間の顕著なコントラストが示すように、権威主義体制はひとつとして同じものはない。これらの相違は、広範な領域にわたるアクターの行動の違いを説明するのに役立つ。こうした理由から、学者たちは権威主義体制を分類するいくつかの方法を提案してきたが、本章ではそれを検討する。まず、現在示されている類型の長所と短所を概観する。とくに、権威主義から民主主義までを直線上に並べる連続的で量的な類型論（例：グレーゾーン体制、ハイブリッド体制）と、「権威主義度」の違いに関わらず、別個のカテゴリーに分類する質的な類型論（例：軍事型、君主型、支配政党型の体制）とを注意深く区別しつつ論じる。この議論は、メディアやその他の場所で、現在、権威主義体制に言及する際にどれほど多くの用語が使われているのか、読者の理解に役立つことを目指すものである。また本章では、さまざまな文献でもっともよく使われている権威主義体制類型、すなわち、軍部、支配政党、王族、個人など統治主体にもとづいて分類したものについて詳細に説明していく。そのうえで、こうした違いが、国際的・国内的に多様な政策帰結に対しいかなる影響を及ぼすのかを示す。

第6章では、いかに権威主義体制が権力を獲得するかを扱う。権威主義体制のなかには、一九七三年から一九八九年まで権力を保持したアウグスト・ピノチェト政権のように、クーデタによって支配権を奪取するものもある。また、二〇〇五年からベネズエラに権威主義体制を確立したウーゴ・チャベスのように、権威主義化を通じてより巧妙なやり方で実権を握った例もあり、執筆時点では依然その派閥が権力を保持している。権威主義体制がいかに権力を握ったのかは重要であり、それは往々にして、軍部が果たす役割やリーダーが直面する制約など、その後の政治が動く舞台を準備するからである。本章では、新しい権威主義体制が形成される主な様式について論じる。つまり、それ以前の体制が権威主義体制か民主主義体制かによって、それらの始まりかたの形式がいかに違ってくるか明らかにする。また、民主主義の後退という近年の世界規模のトレンドを鑑み、本章の多くは民主主義体制の解体についても論じる。そこでは、後退とは何か、それを目撃したときにそれが後退だといかに認識しうるのか、そして、もっとも脆弱な民主主義のタイプについて説明する。また、ポピュリズムと民主主義の後退との関係について詳細に述べ、民主的に選ばれたリーダーのあいだでのポピュリズム的なレトリックが、いかに権威主義への移行の踏み台となりうるのかを説明する。

第7章では、権威主義体制の生存戦略について掘り下げる。すべての政府は、いかにして政権を維持するかという課題に直面する。これはとりわけ権威主義政府に当てはまり、それは権力維持のために選挙によって正当化することができず、権力から放逐される脅威に常に直面しているからである。この課題に対処するため、権威主義体制は、抑圧と抱き込みという二つに大別される手段に訴える。抑圧は権威主義に特徴的な手段である。民主主義の国では、激しい弾圧を行なう政府は投票によって解任されうるが、権威主義体制における抑圧的行為はほぼ処罰されない。こうした理由から、権威主義体制は民主主義体制よりも抑圧に頼って支配を維持する傾向が非常に強い。抑圧に加えて、往々にして権威主義体制は抱き込みを利用する。パトロネージも抱き込みのひとつの形態であるが、政党や議会などの制度の確立も同じくそうである。これらの制度は、潜在的な反対派を体制装置へと組み込むことで、政権転覆へのインセンティブを削ぐ。権威主義政府は生存計画を練る際に、この二つの費用と便益を秤にかける。本章では、抑圧と抱き込みを詳細に論じ、権威主義体制下での使用のされ方と、そうした使用法が権威主義ごとにどう異なるのかを示す。また、現代の権威主義体制がどのように抑圧し、いかに抱き込みをはかるかという点で、過去の権威主義体制とどのように異なるかについての知見が与えられる。こんにちの権威主義体制は、支配を維持するために、あからさまな暴力や、旧来の狭い範囲での抱き込みを使うのではなく、より巧妙で多様で民主的に見える戦略を活用している。

第8章では、権威主義体制がどのように権力から退くのかに注目する。世界の多くの国々での外交政策アジェンダに権威主義体制が根強く影響を与えていることを鑑みれば、それ独自の脆弱性を理解しておくことは非常に重要である。本章では、概して権威主義体制がどのように崩壊するのか、崩壊後いったい何が起こるのかについて論じる。約半数の事例では民主主義体制が成立するものの、残りは新たな権威主義体制が形成されることになる。本章では、より一般化したかたちで、権威主義体制が崩壊する主な誘因をあぶりだしたのち、民主化の機会を高める要因に焦点を絞る。また、政治的自由化とは何か、それは民主化とどのように異なるのかについて論じる。そこでは、多くの権威主義体制において、歴史的に民主主義の品質を保証するものとみなされてきた諸制度——選挙、政党、議会を含む——が、民主主義の実現以外の目的で採用されていることが強調される。結果として、権威主義体制下における政治的自由化が必ずしも、将来的な民主化への転回を示すものではないことが明らかとなる。

第9章では、本書の主要なテーマを要約し振り返ったあと、現代の権威主義をよりよく理解するために、決定的に重要な未解決の問題と権威主義政治論のこれからについて論じる。

第2章　権威主義政治を理解する

権威主義体制で重要なアクターは誰か?

権威主義体制下の政治は、典型的にはリーダー、エリート、および大衆の三つのアクターの相互作用を中心に展開される。

リーダーは体制運営の任にあたる個人である。しかしリーダーは、ほかからの支援なくしてこの地位を維持することはできない。独裁では、リーダーが権力を維持すべく支援を頼る人びとのことをエリートと称する(ときとして、エリート連合、支持集団、リーダーの集団、または勝利連合などと集合的に言及される)。エリートという用語にはさまざまな意味が含まれうるが、ここではとくに、リーダーの支持集団の一部をなす個人のことを指す。リーダーの在任期間は、この集団からの後ろ盾しだいで決まる。リーダーの権力維持に必要なエリート数は正確には不明だが、場合によってまちまちである。大衆とは、権威主義体制下で生活する一般市民のことだが、少なくともそのなかには、体制が存続するのに必要とされる人びとが含まれる。(1) エリートの場合と同様、独裁が維持されるのに正確にはどれほどの市民が必要かは定かではなく、状況しだいである。

民主主義国では、主要な政治アクターに委ねられた権限や、これらのアクターの選出ないし退出は、公式のルールに規定されている。重要なのは、通常これらのルールが実際に守られているということである。その結果、第1章で説明したように、概して、主な政治アクターが誰か、また、その権力維持に誰の支持を必要とするのかを特定するのは、かなり容易である。また同じく、主要な政治アクターを権力から追い立てるプロセスも明確に規定されており、誰がそこで動いているか観察者の目にも明らかである。

これに対し独裁では、こうした政治システムの基本的な特徴が不明瞭なことが多い。非公式な政治が常態化し、公式のルールも普通に存在するが、実際の行動を導くものでないことが多い。多くの重要な決定が密室で行なわれているため、誰が主要な政治的アクターで、その地位を維持するのに誰の支持を必要とするのか、またそうしたアクターの選出や排除がいかなるプロトコルに従って行なわれているのかを認識するのが困難である。

独裁では、大衆が誰であるかを容易に特定できる一方、多くの場合、エリートが誰であるのかを特定するのは推測ゲームに等しい。観察者は通常、エリートがどの種の集団（特定の政党や軍の部局など）から輩出されるか見当がつくが、これらの個人がいったい誰なのか、どの程度の影響力を持つのかはほとんど知らない。独裁のもとでは、リーダーが誰であるのか特定するのさえ困難なときもある。

イランを例に考えてみる。一九七九年の革命以来、イランの公式のリーダーは最高指導者である。初代最高指導者ルーホッラー・ホメイニーは一九八九年に死去するまでその地位にあり、その後、現在の最高指導者であるアリー・ハーメネイーがその地位を継承した。イランの政治システムは、最高指導者のポストに加え、国民によって選挙で選ばれた大統領を特徴とするが、イランの選挙競合は自由と公正という国際基準を満たしていない[2]。ホメイニーの在任中は、権威の境界線が明確に引かれており、紛れもなく権力は最高指導者の手に委ねられていた。しかし彼の死後、この境界線はより曖昧になった。とくに二〇〇五年から二〇一三年にかけてのマフムード・アフマディーネジャード大統領時代には、事実上のリーダーは最高指導者なのか、それとも大統領なのか、大統領のほうがより強力にみえたがために、イラン政治の観察者は難渋した[3]。

権威主義支配の性質は権威の境界線を曖昧にし、それだけにいっそうわれわれは、権威主義体制について知りたい基本的な事柄さえ特定するのが難しい。理論上では、リーダー、エリート、大衆が独裁制の三つの中心的アクターであることはわかっているものの、実際にはエリートの正体だけでなく、リーダーが何者かさえ知らないことが多いのである。

これらのアクターの主な目的は何か?

民主主義と同様に、独裁下のリーダーやエリートも権力や影響力を追求する。したがって、彼らは権力をめぐる絶え間ない闘争を繰り広げ、それぞれが他者より大きな政治的影響力を求めて競い合う。エリートは独裁者と競合するだけでなく、エリートどうしでも競争する。こうした熾烈な環境のなかで、リーダーやエリートは、反対者が死活的な規模に達しないようにしつつ、大衆の重要な部分からの支持を確保しなければならない。大衆が望むものは非常に複雑だが、概して、昨日より今日の暮らしといった基本的な事柄に帰着する。（制度はこれらのダイナミクスを形づくるよう作動するが、これについては第5章で取り上げる。）

権威主義リーダーの主な動機は、権力の座にとどまることである。そのためには選挙を無効にし、大統領任期を延ばし、自らを真に脅かしうる人びとを排除するといった、さまざまな戦術に頼る。民主主義国のリーダーの地位が公式のルールに守られ、任期前の解任が困難なのとは異なり、権威主義のリーダーは、エリートと大衆両者による転覆の脅威に常に直面している。

権威主義リーダーは通常、自らの支配に対するもっとも差し迫った脅威はエリートからくると考えている。皮肉なことに、権力を維持するために支持を要する集団こそ、まさに彼らがもっとも恐れねばならない集団でもある。結局、エリートの主な目標は権力を最大化することである。エリートらは、最大の政治的影響力を持つために競い合う一方、自分こそがリーダーシップを取れる方法を模索し画策している。こうした理由から、エリート連合はリーダーの任期に深刻な脅威を与える。実際、独裁者の大半は、民衆蜂起ではなく、内部からのクーデタによって倒されてきた。[4] 大昔にチャーチルが語ったように「独裁者は虎に乗って行き来するが、あえてそれを降りようとしない」のである。

独裁者追放にエリートが重要な役割を果たす例は数多い。一九七五年ナイジェリアで、最高軍評議会のメンバーがヤクブ・ゴウォン将軍を追放したが、それは彼がメンバーらと十分協議していないと（メンバーたちが）感じたためであった。アルゼンチンでは、一九八一年に、軍評議会のメンバーがロベルト・ビオラ政権を倒したが、それは彼が閣内に民間人を引き入れようとし、労働組合のリーダーらとも協議を開始したからであった。ガーナでは、イグナティウス・クツ・アチャンポンの権力低下を受けて、一九七八年、参謀長のフレデリック・アクフォが彼を逮捕し、交代した。

エリートは独裁者の主要な政治ライバルであり、それゆえ、彼らの主な不安の種である。第4章で論じるように、リーダーは、自らの支配にエリートらがもたらす脅威を緩和すべく、さまざまな戦術を駆使する。

歴史的に、大衆主導の権威主義支配の転覆例は、エリートが主導するそれよりもはるかに少ない。この理由からリーダーは、エリートが自分たちを倒す可能性を最小限にすることを優先しがちである。とはいえ、二〇一一年の「アラブの春」における革命の波が物語るように、大規模な大衆蜂起が前代未聞ということではない。したがって、権威主義リーダーは、大衆感情を完全に無視することもできない。往々にして大衆主導によるリーダーの打倒は体制全体の崩壊をも導くため、エリートらも決して大衆を無視することはできないのである。

往々にして大衆の目的は多様だが、一般的には、物を食べたい、屋根の下で寝たい、そして治安を改善してほしいなど基本的なニーズが中心である。これは、権威主義体制下の大衆がそれほど政治的権利を望んでいないということではなく、それは単に、経済的な懸念がほかのすべてに優先されがちだということである。

大衆からの支持獲得のしかたを判断するに際し、リーダーやエリートは戦略的に検討する。彼らのすることがすべての市民に好まれる必要はなく、重要なセクターにとってのみそうであればよい。リーダーやエリートに反対する市民は常に存在する。権威主義体制は、そうした人びとを黙らせ、疎外するためのさまざまな手段を活用できるし（第7章で議論）、そうするためのかなりの資源を有する。

以上が、権威主義体制の主要なアクターの目標を簡潔かつ概略的にまとめたものである。すべての権威主義体制がこうした型にうまく当てはまるわけではないが、その多くにみられる政治的ダイナミクスをほどよく的確に描写しているはずである。

権威主義リーダーと権威主義体制の違いとは何か？

権威主義リーダーとは、権威主義体制の舵取りをする特定の個人のことである。権威主義体制とは、それより広い概念である。第1章で議論したように、それは、リーダーの選出と政策を制御する基本的な諸ルール（公式、非公式を問わず）から構成されている。[5] サッダーム・フセイン政権下のイラクのように、リーダーと体制が区別できない場合もあるが、ソ連のように、一つの体制が持続的に存在するあいだに、複数のリーダーが入れ替わり立ち代わりすることもある。

以下のような二つの理由から、権威主義リーダーと権威主義体制を区別することは重要である。第一に、権威主義リーダーとそれが支配する体制とを同義だとすることで、独裁下におけるリーダーとエリートとのきわめて多様な関係性が覆い隠されてしまう恐れがある。つまり、アレクサンドル・ルカシェンコ下のベラルーシのように、権威主義体制の権力の所在がしっかりとリーダーの手中にある場合もあれば、リーダーが指導的集団のほかのメンバーと権力を共有しなければならない場合もある。たとえばヴェトナムでは、グエン・フー・チョン共産党書記長が重要な選択に際して実質的な影響力を行使するが、依然として政治局のメンバーも影響力を保持している。明確にいえば、ほとんどの場合、エリートに比べてリーダーが不釣り合いなほど強大な権力を振るうが、ほかの権威主義環境では、こうした影響力がもっと偏っている場合もある。権威主義体制というより広い概念を無視して、権威主義リーダーに焦点を当てすぎると、こうした重要な多様性を見落としてしまうことになる。

第二に、いくらか前記と同様に、権威主義体制は一人のリーダーの任期よりもはるかに長く続くことが多い。にもかかわらず、往々にして観察者は、リーダーが倒れることをもって体制の崩壊と考えてしまいがちである。たしかに、リーダーの失脚が、体制の根本的な転換の前触れを予感させた例はいくつもある。イランでは、一九七九年の大規模な抗議運動がシャー（国王）の退位をもたらした。その後、イスラーム教の聖職者たちが支配権を握り、まったく異なったエリート集団や、リーダーや政策を選択するルールや規範が力を持つようになった。一九八九年のルーマニアでは、数週間にわたる政情不安ののち、治安部隊が当時の指導者ニコラエ・チャウシェスクを処刑し、翌年実施の民主的選挙への道を開いた。前者の例では、リーダーの打倒が新たな権威主義体制の確立につながり、後者では民主化へとつながった。

こうした有名な例が存在するにもかかわらず、すべての権威主義リーダーの交代例のうち、わずか半分でしか権威主義体制の転換がもたらされなかった（この動きについては第8章でより詳細に論じる）。つまり残り半分では、リーダーが権力から離れても、体制は無傷のままであった。[6] たとえばミャンマーでは、一九九二年に軍部がソウ・マウン将軍を放逐した。その後まもなく、同じく軍将校であり、国家法秩序回復評議会のエリートでもあるタン・シュエ将軍が彼の後任となった。リーダーの交代があったにもかかわらず、同じエリート集団がミャンマーを牛耳り、体制転換はなかった。つまり、こうした体制内でのリーダーの交代はありふれたことなのである。

権威主義リーダーが、自らが率いた体制を不安定化させることなく権力から退く頻度を考えると、われわれは、権威主義リーダーと権威主義体制とを混同することで、権威主義体制の脆弱性を歪んで理解してしまう可能性があるようだ。この事実はつぎの理由で重要である。なぜならこれは、独裁を不安定化し、民主化への圧力をかけ、あるいは行動変容をもくろんだ国際的な取り組みが、分析単位としてリーダーに焦点を合わせすぎるがゆえに、意図した効果をもたらせない可能性を示唆しているからである。

権威主義体制と権威主義期の違いは何なのか?

権威主義体制と権威主義期（an authoritarian spell）もまた相異なる分析単位である。あるひとつの権威主義期とは、ひと続きの権威主義的な統治期間のことを指す。ちょうど、同じ権威主義体制のなかで複数の権威主義リーダーが盛衰を繰り返すように、同じ権威主義期のなかで複数の権威主義体制が盛衰しうる。

たとえば、ニカラグアは一九三六年から一九九〇年までひと続きの権威主義期を経験し、この期間中は終始、権威主義的な政治システムをとっていたことになる。しかし、この期間中には二つの独特な権威主義体制が存在した。ひとつは、一九三六年から一九七九年にかけてニカラグアを支配したソモサ一族の体制である。ソモサ一族は（直接的であろうと非公式であろうと）政治ポストを割り当て、国家資源を分配し、治安部門を統制していた。リーダーの集団は、ソモサ一族のメンバーとひと握りの同盟者で構成されていた。サンディニスタ民族解放戦線（ＦＳＮＬ）は、一九六〇年代に始まったゲリラ戦の集大成である一九七九年の蜂起でソモサ体制を打倒した。政権に就くと、サンディニスタは多くの産業を国有化し、ソモサ一族の財産の大部分を接収した。かつてのソモサ支持者の多くは亡命し、ＦＳＮＬの支持者は権力の座に就いた。ＦＳＮＬの最高指導者らは、体制の最高指導者になった。つまり、これらニカラグアの二つの体制は相互に異なっているが、同じ権威主義期のあいだに生まれたのである。

ときとして、一九六四年から一九八五年までのブラジルでのように、権威主義体制と権威主義期が一致する場合もある。この期間は一つの権威主義体制がブラジルを統治しており、その前後でこの国は民主主義体制を敷いていた。しかし、ニカラグアの例のように往々にして、同じ権威主義期のあいだに、複数の権威主義体制が誕生したり、権力を後にしたりすることもある。

権威主義期は、外国の占領や民主主義体制、国家の失敗など、ほかの支配形態から独裁に移行するときに始まり、その逆の動きが生じたときに終わる。ブラジルのように、まず民主主義支配があり、その後に権威主義期が続くのがほとんどである。

なぜこうしたことが重要なのであろうか。ひとつには、権威主義体制と権威主義期を混同することによって、権威主義体制の転換が新たな権威主義体制につながるという頻度を見落としてしまう危険があるからである。たとえば、権威主義体制の崩壊は、民主主義がそれに続くことの暗示だと考えられがちである。しかし、一九四六年から二〇一〇年までのデータによると、権力を失った権威主義体制の半数弱の事例でしか民主主義体制への移行は生じなかった（第8章で詳しく論じる）。残りの半分では、新たな権威主義体制が支配権を握るか、あるいは、ひと握りの事例では国家そのものが崩壊したのである。

こうした統計は、外交政策に対して明確な含意を持つ。権威主義体制を転覆に対して脆弱にする手段を求める政策担当者は、そうした転覆が、高い確率で新しい権威主義体制（もっと悪いことには国家の解体）をもたらすにすぎないことを念頭に置くべきである。

もちろん、新しい権威主義体制がそれ以前の体制より良心的である可能性はある。チャドでは、一九八二年から一九九〇年までヒッセン・ハブレ体制が統治していた。その期間中、体制が市民に対して行なった残虐行為があまりにも深刻だったので、二〇一六年、アフリカ連合が支援するセネガルの裁判所が、ハブレに対し四万人殺害の責任者として有罪判決を下した[7]。一九九〇年にハブレを放逐して権力に就いたイドリス・デビ将軍の権威主義体制は「良心的」とはほど遠いが、ハブルのもとでの人権侵害ほどは深刻ではない。

しかし、たいていの場合、新しい権威主義体制は単に、新たな悪事をもたらすだけである。まさにコンゴ民主共和国（旧ザイール）がその例である。一九九七年にローラン・カビラ率いる反乱軍がモブツ・セセ・セコ大統領を追放したとき、この国は荒廃しきっていた。モブツ大統領は、広範な人権侵害を犯しただけでなく、ことごとく国の経済を破壊し、莫大な個人資産を手に入れていた。しかし、カビラ体制（ローランとその後の息子ジョゼフのもと）でも状況は改善しなかった。人権侵害は依然として激しく、経済問題は深刻なままである。たとえば、コンゴ民主共和国の一人あたりの国民総所得（GNI）は、一九九〇年から二〇一五年にかけて四六％減少した[8]。

そしてもちろん、新しい権威主義体制のもとで事態がかなり悪化した例はいくらでもある。たとえば、パナマのオマール・トリホス将軍が率いた権威主義体制は、それを継ぐことになるマヌエル・ノリエガ将軍が率いた体制ほどには残忍ではなかった[9]。トリホスは権力の座にいるあいだはかなりの人気を博し、観察者の多くは彼を「慈悲深い独裁者」と呼ぶにいたった[10]。これは、残忍かつ汚職まみれで悪名高いノリエガとは対照的であり、退役した米軍総司令官で元国務長官でもあるコリン・パウエルは彼を「純粋な悪」と表現した[11]。

極端な例をあげれば、一九七五年にカンボジアのロン・ノル体制が転覆したすえ、ポル・ポト率いる新しい権威主義体制が誕生し、その支配下で二〇〇万人近くのカンボジア人が死亡した。おそらく、ことわざのとおり「知らない悪魔よりも知っている悪魔のほうがまし」なのかもしれない。

以上の例は、なぜ権威主義体制を権威主義期から区別することが重要なのかをさらに示すものである。各々の権威主義体制は、固有の利害と行動規範を持つ個性的なアクターたちによって構成されている。たとえばイランの神権政治は、それに先立つシャー（国王）体制とほとんど共通点を持たない。イランの事例で権威主義期を分析単位として使うと、そこで権威主義がどのように機能しているかについての理解を歪めてしまう恐れがある。たしかに、期間（spell）による捉え方はその国の権威主義支配の経験についてかなりのことを教えてくれる。しかしそれは、それぞれに大きく異なった権威主義的な行動様式をひと括りにしてしまうという犠牲をともなうものでもあるのだ。

第3章　権威主義体制の風景

どこに権威主義体制がみられやすいか？

第二次世界大戦が終結してから、一般的に開発途上国において権威主義体制が台頭するさまをわれわれはみてきた。これは、発展レベルが権威主義の支配をもっともよく予測するもののひとつであるという事実を反映している。つまり、豊かな国ほど権威主義になる可能性は低くなる。発展レベル以外には、天然資源による富（正の相関）、ムスリム人口の多さ（正の相関）、イギリス植民地の遺産（負の相関）、初等教育の達成率（負の相関）などの多くのほかの要因が権威主義に関連する。(1)

これらの諸要因と権威主義に相関関係があることは明らかである。しかし、そうした関係が因果的だということは難しい。(2) われわれが考察する多くのパターンにおいて、ほかの説明のほうが容易に傾向を説明することができる。いいかえると、それらの諸要因と権威主義とのつながりはありそうだが、それらの関係性が因果関係なのか見せかけの関係なのかは議論の余地がある。

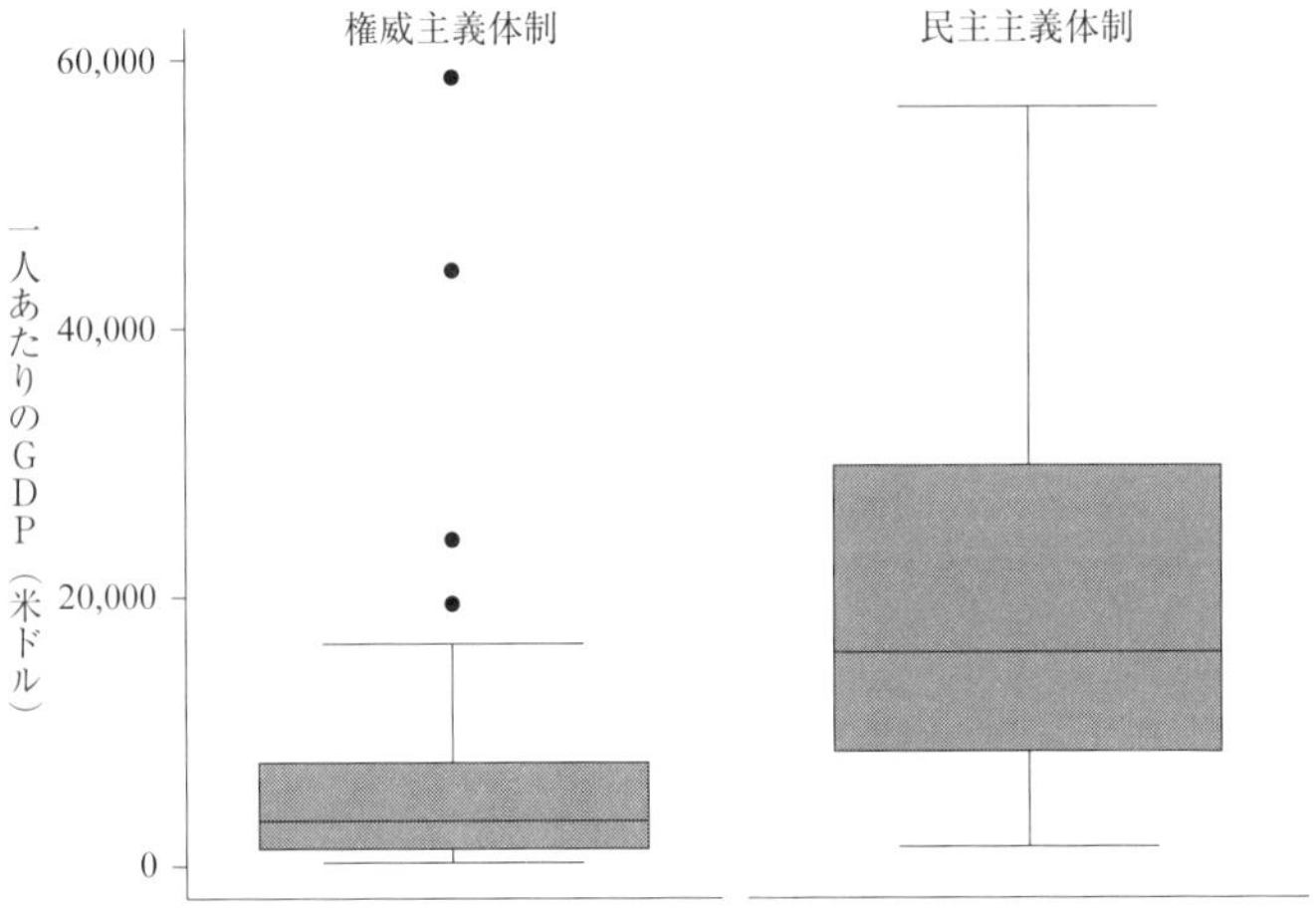

図３－１　政治システムのタイプ別の2010年の発展レベル

因果関係は別にして、第二次世界大戦後の世界において、富のレベルと権威主義には強い負の関係がある。つまり、貧困国は権威主義であり、富裕国は民主主義という傾向がある。もちろん、いくつかの例外はある。たとえば、インドが民主主義国となったのはかなり前だが、急速な発展をみせたのはここ数十年である。また、サウジアラビアやシンガポールのように、中東などにおける多くの国々は豊かでありながら権威主義である。とはいえ、たいていの場合、権威主義体制は貧困国に多く、民主主義体制は富裕国に多い。

政治システムのタイプにもとづき、二〇一〇年における発展レベルの分布（測定には一人あたりのＧＤＰを用いた）を示した図３－１の箱ひげ図はこのことを説明する[3]。箱ひげ図は、（箱の中ほどの線によって示された）発展レベルの中央値が権威主義体制（約三四〇〇ドル）よりも民主主義体制（約一万六〇〇〇ドル）においてより高いことを明らかにしている。箱の上下の線は四分位数範囲を指し、多くの民主主義国は発展のレベルが八〇〇〇ドルから三万ドルのあいだに位置し、一方で多くの独裁国家は発展のレベルが一〇〇〇ドルから八〇〇〇ドルのあいだに位置づけられることを示している。これらは政治システムのタイプを横断して、一人あたりの富がかなり異なっていることを示している。図の点は外れ値を示しており、全体の傾向に反する少数の独裁（二〇一〇年において、それらはクウェート、シンガポール、オマーン、サウジアラビアであった）を目立たせている。

また、世界大での権威主義体制の分布は明らかに地域的に偏ったパターンがある。重要なこととして、権威主義体制には権威主義の隣国が、民主主義体制には民主主義の隣国が存在する可能性が高い。同様に、民主主義への移行および権威主義への移行は、（のちほどより詳細に議論するが）ある国で移行が起こると、波がやってくるように、隣国での移行の機会を高める。[4] なぜこれらの拡散のダイナミズムが起こるかは必ずしも明らかではないが、隣国が重要だということはたしかにわかる。[5]

なぜ権威主義体制はより貧しい国で顕著なのか？

発展のレベルと権威主義のあいだには強い負の関係があり、国が豊かになればなるほど権威主義となる可能性は低くなる。とはいえ、先に参照したように、この関係が因果的かどうかについては異論もある。非常に多くの研究がこの問題について検討しているが、結論はまだ出ていない。本節ではいくつかの重要なアイディアと議論について概観する。多くの研究が発展と民主主義（権威主義ではなく）の関係性について強調しており、ここでの議論も同様なものであることに留意してほしい。

一九五〇年代から一九六〇年代にかけて、最初に発展と民主主義が両立するようだと指摘したのが近代化論者である[6]。近代化論者によると、国家がより「近代」的になると、より民主化する可能性が高い。つまり、この見方では発展こそが民主主義を可能とする[7]。近代化論が主張する論理は、より豊かな国家の市民はよりよい教育を受け、より洗練されるので、より寛容で妥協しやすい。そして、これらの気質が民主主義の安定のための助けとなる。近代化論の一部はそれとは異なり、階級のダイナミクスを強調し、富の蓄積にともなって、ミドルクラスの規模が拡大し、より力を持つようになり、広範な政治的な力に必要な基盤を提供すると論じる[8]。とにかく、すべての近代化論者の主たる予想は、発展は民主主義をもたらすという点で同じであった。

しかし、やがて、この原因と結果の方向性について疑問を持ち、逆に民主主義が発展をもたらすのではないかという議論も学者から出てきた[9]。この論理によると、経済的な繁栄は政策決定者が選択に説明責任を持つ国だけで可能となる。もし間違った選択の結果として政策決定者を下野させることができないのであれば、政策決定者は自身の懐に富を蓄え、その国の経済を破滅させる道を選ぶだろう。この点から考えると、民主的な制度は経済発展を容易にする。

民主的ルールが富のレベルを上昇させうる経路には、さまざまな間接的な道筋がある。たとえば、民主主義国では独裁国よりも人権状況がよく、市民が経済投資を行なうことが容易となるだろう[10]。対照的に、市民に対する政府の暴力はそうした投資を抑制するだろう。民主主義国はまた、独裁国よりも多くの公共財に資金を費やし、公教育、道路、清浄水のような事業により多くの資源を投じていることが知られている[11]。その結果、公共財は貿易と人的資源の増加をもたらしている[12]。民主主義国はまた、経済繁栄に害を及ぼす汚職の割合がより低い[13]。そして、おそらくこれらの要因すべての結果として、民主主義国の市民の平均寿命はより長く、乳児死亡率はより低い傾向がある[14]。

そのため、民主主義は発展をもたらすという主張は妥当である、しかし、逆の主張もあり、残念なことに、因果の矢印の方向を特定するのはきわめて難しい[15]。ある方向の因果関係を発見する研究があれば、逆の方向の因果関係を発見する研究もあり、さらに両者にはまったく因果関係がないとする研究もある。たとえば、この分野でもっとも影響力をもつ研究業績があるアダム・プシェヴォルスキは二〇一一年に、「経済発展は必ずしも民主主義を導くとは思わない。だがいちど確立されれば、民主主義は先進国のなかで生き残りやすい」と論じている[16]。

民主主義と発展の関係は複雑で、出来事の因果連鎖が存在するかどうかを確かめることは困難である。そのため、なぜ富裕国には民主主義体制が多くて、貧困国には権威主義体制が多いのかという議論は、当分未解決のままである可能性が高い。

なぜ一部の豊かな国は権威主義なのか?

権威主義と富のレベルの負の相関関係はかなり強い。したがって、数十年にわたって権威主義体制が権力を維持している富裕国は少数の顕著な例外である。これら豊かな権威主義体制のほとんどは中東に位置している（シンガポールは注目すべき例外である）。そのなかには、たとえば、カタール、アラブ首長国連邦、クウェート、バハレーンなどが含まれる。

これら例外の多くには決定的な共通点がある。それは豊富な天然資源である。天然資源の収入は、通常、石油によるものであり、これらの国々の経済のかなりの部分を占めている。しかし豊富な天然資源によって、これらの国々が権威主義と貧困という相関関係から逸脱しているかどうかは議論の余地がある。豊かで権威主義の国々のほとんどは相当な天然資源の富を有しているが、もともと天然資源に富んでいることは必ずしもそれらの国々が権威主義であることの理由にはならない（この点は第8章で議論を発展させる）。これらの国々の権威主義の起源は独立時のいくつかの歴史的理由によるが、それらは当時、その豊富な天然資源とはほとんど無関係だった。多くの国々では、単に独立以前から統治を担っている同じ王族が独立後も権力の座に就いている。そのため、天然資源による富はなぜこれらの国々が権威主義となったかを説明しないが――より一般的にそれは体制の安定を促進するため――、なぜ王族が独立以来権力の座を維持しているのかについての説明の助けにはなる。

民主化の波とは何か？

民主主義への移行はしばしば一斉に起こるようにみえる。冷戦の終わりに共産主義の崩壊が起こった。東ドイツの共産主義体制の終焉の合図となった一九八九年のベルリンの壁崩壊から一年もたたないうちに、ポーランド、ハンガリー、チェコスロヴァキアといった国々の長期間継続してきた共産主義体制も権力の座から失墜した。サミュエル・P・ハンティントンによって命名された言葉である民主化の波は[17]、正確には民主主義への集団的な移行の形態のことを指す。

いつ民主化の波が起こったのか？

冷戦の終結後、それまでに起こった三つの具体的な民主化の波を明らかにしたハンティントンの有名な議論がある。[18] 最初の「長い」波は一八二〇年代に始まり、約一世紀続いた。第一の波では二九カ国が民主主義国となり、その多くで男性人口の参政権が拡大圧力を受けて形成された。民主化の第二の波は一九四三年から一九六二年にかけて起きた。この波の重要なきっかけは、ファシズムに対する闘争とアフリカの植民地主義の終焉であった。民主化の第三の波は一九七四年から二〇〇〇年にかけて起こった。この波は冷戦終結前から始まり、一九八〇年代にラテンアメリカに押し寄せた多くの民主主義の移行などを含んでいた。しかし、本当に勢いが増したのはソ連崩壊後であった。

二〇一一年の「アラブの春」の際、民主化の第四の波の到来が囁かれた。しかし、その後の出来事はそうした予測を覆し、最終的に民主化したのはチュニジアだけであった。[19]

揺り戻しの波とは何か？

独裁への移行も一斉に起こるようにみえる。たとえば、二〇世紀初頭、権威主義体制は、イタリア、ポルトガル、日本で（数は多くないが）ほぼ同時期に民主主義体制を葬り去った。ハンティントンはこれらの民主主義から権威主義への集団的な移行を「揺り戻しの波」として言及している。[20]

いつ揺り戻しの波が起こったのか?

冷戦の終結までに二つの顕著な揺り戻しの波が起こっている。二つは民主化の第一の波と第二の波の後に、それぞれ生じた。

ハンティントンによると、一九二二年にイタリアでベニート・ムッソリーニが権力を握ったことが第一の揺り戻しの始まりであった。一九四二年までに世界の民主主義国の数は一二まで減少し、揺り戻しが起こった国のなかにはスペインとドイツも含まれていた[21]。第二の揺り戻しの波は一九六〇年から一九七五年のあいだに起こり、世界の民主主義国の数は三六(民主化の第二の波の後のピーク時)から三〇まで減少した。この時期、レバノン、トルコ、ギリシャ、そしてラテンアメリカの多くの国で民主主義体制が崩壊した。

ハンティントンは、民主化の第三の波が終わった後に第三の揺り戻しの波が起こる可能性について推測している。ハンティントンは一九九一年の論文で、弱い民主的価値、重大な経済危機、社会・政治的分極化などをともなう国で揺り戻しが進展する可能性が高いので、そうした国に注視すべきと示唆している[22]。これらの諸要素(経済危機は別として)が体系的に独裁国への移行の可能性を高めるという経験的証拠はほとんどないが、それでもなお、第三の揺り戻しの証拠となる可能性はある。たとえば、中央アジアの多くの国々はソ連崩壊後、真に民主化したことはなかったが、いずれ民主化するだろうという楽観的な時期があった。しかし、中央アジア全体の政府がしだいに強権的な支配を行なうことによって、そのような望みはすぐに打ち砕かれた[23]。このような理由により、第三の揺り戻しの波が起こったかどう

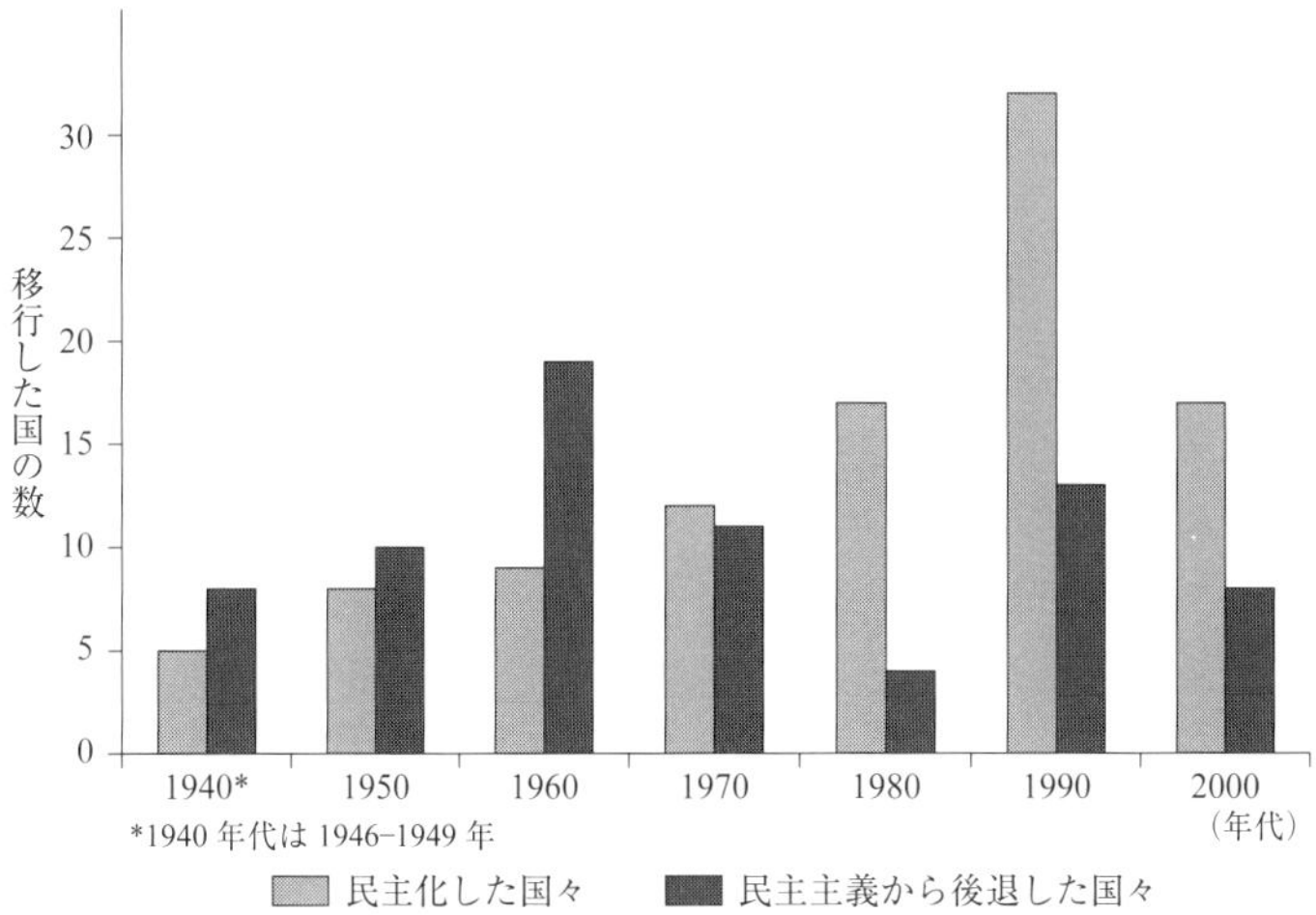

図 3－2　民主主義への移行と民主主義からの移行（1946–2010 年）

か観察者は議論しており、[24] おそらく時の流れだけが明確な答えを出してくれるだろう。

　これらの点のいくつかを説明するために、図3－2は一九四六年から二〇一〇年の時期における民主主義への移行と民主主義からの移行の数を記したものである。ハンティントンの考察と一致し、民主化の数がもっとも多かったのは一九九〇年代、一方で民主主義の後退の数がもっとも多かったのは一九六〇年代であったことが示されている。

こんにちの権威主義の風景はいかなるもので、どのように進んできたか?

　第二次世界大戦の終わりから現在まで、権威主義の風景は一変し、各年での権力にある権威主義体制の数と世界大での分布の両方で、相当の変化がみられる。

　たとえば、図3－3は一九四六年から二〇一四年にかけて権力の座に就いた権威主義体制の数を示してい

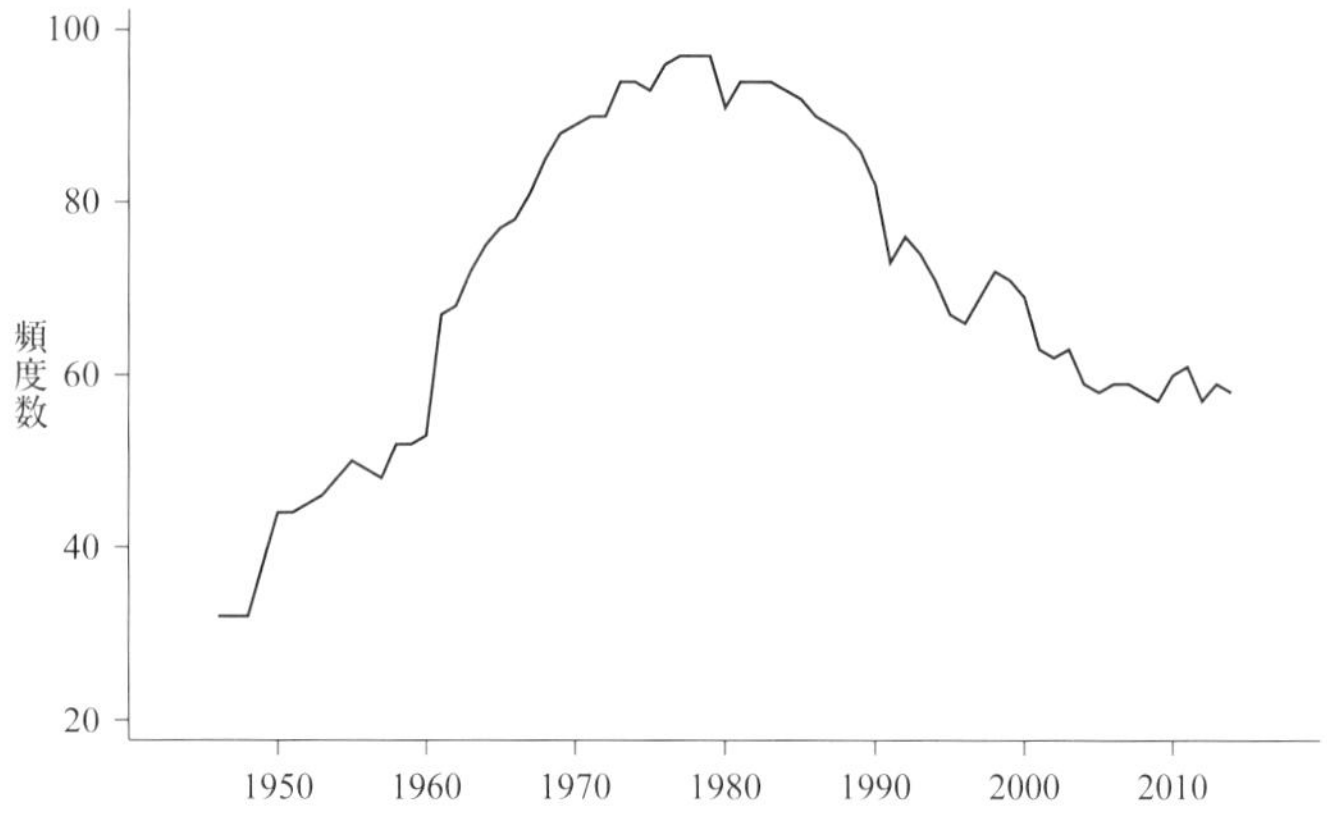

図３−３　権威主義体制の数（1946–2014 年）

る。この図は、世界における権威主義が第二次世界大戦後から一九八〇年前後まで徐々に増加したことを明らかにしている。一九四六年から一九四八年にかけては三二の権威主義体制しか存在せず、これはすべての時期を通してもっとも少ない数であった。しかし、一九四八年以降、独裁の数は徐々に増加し、一九七七年から一九七九年にかけて九七カ国ともっとも多くなった。これはかなりの急増であり、権威主義体制の数は調査をはじめた一九四六年の三倍以上となった。

この増加は、一九四〇年代は一九七〇年代よりも単純に世界における独立国の数が少なかったという事実に起因しているかもしれない。第二次世界大戦後に多くの植民地帝国が衰退し、全世界で数多くの国が新たに独立した。一九四六年には人口が一〇〇万人以上の国が世界で六三あったが、一九七九年までにこの数は一三〇まで急増した。たとえそうであったとしても、権威主義体制が主権国家のなかで占める割合をみると、一九四六年には五一％だったのに対し、一九七九年までには七五％となった。

冷戦の地政学的な力学は、一九四〇年代から一九七〇年代の権威主義の増加を説明するのにもっとも適しているようだ。アメリカとソ連は戦略的な利益を促進するために、この時期、多くの財政的・政治的・軍事的な資源を用いて権威主義を熱心に支援した。

冷戦の終結間際では、権威主義体制の数が緩やかに減少するようにみえた。一九八九年までには八六の権威主義体制が存在していたが（これは世界の国々の六六%を占めていた）、ソ連崩壊後の一九九一年までにその数は七三カ国（世界の国々の五七%）まで減少した。その後一〇年ほど、二〇〇〇年代の半ばまで権威主義体制の数の緩やかな減少は続いた。二〇一四年時点では、五九カ国で権威主義体制が権力の座に就いており、これはおおよそ世界の国々の四〇%にあたる。

これらの傾向は、純粋に数という点ではこんにちの権威主義体制が第二次世界大戦後を上回っていることを示唆している。とはいえ、この体制が世界の国々のなかで占める割合は、現在のほうが第二次世界大戦後の時期よりも小さい。

しかし、最近の世界規模での政治的進展は権威主義の高まりが現実のものとなっていることを示唆する。データは二〇一五年から現在までは扱っていないが、民主主義体制から権威主義体制への移行のほうが、権威主義体制から民主主義体制への移行よりも上回っていることを示している[25]。たとえば、ニカラグアやフィリピンは二〇一七年時点で、独裁寸前に位置している。同様に、民主主義体制はハンガリーやポーランドのような国々でも崩壊の瀬戸際にあるようにみえる。もちろん、民主主義の獲得よりも民主主義の衰退のほうがメディアの見出しを飾ることが多いということもできる――たとえば、二〇一五年のブルキナファソの民主化は大々的に報じられなかった。しかし、多くの観察者の総意は権威主義の増加が生じている、もしくは少なくともそうした状況が起こりつつあるというものである。

このことを示しているのが、監視団体であるフリーダム・ハウスが二〇一六年の政治的権利と市民的自由の衰退について記した、「ポピュリストと独裁者──グローバル民主主義に対する二重の危機」というタイトルの二〇一七年のレポートである。[26] そこでは一一年連続でグローバルな自由に関して後退傾向が記録されたことを示している。一方、こうした後退は単に民主主義の「レベル」が低下した結果であり権威主義へ移行したわけではないともいえるが、潜在的な揺り戻しの波に位置づけられることも示唆している。もちろん、これは一九七〇年代に生じた独裁の劇的な復活を意味せず、権威主義の緩やかな復活を目の当たりにしているということだろう。

第二次世界大戦後から権威主義体制を目の当たりにした地域に関する変化も、同様に重要な進展があった。一九四六年、世界の独裁のほとんどはラテンアメリカ(三一%)、ヨーロッパ(二五%)、中東・北アフリカ(二二%)に集中していた。しかし、権威主義が世界的にもっとも多かったときには、この地域的分布は大きく異なっていた。たとえば、一九七九年、世界の独裁の三九%はサハラ以南のアフリカにあり、一九四六年の九%から増加した。この顕著な増加は、一九四六年から一九七九年までのあいだにサハラ以南のアフリカで多くの新しい独立国家が成立したことに起因している。世界の独裁に占めるアジアの割合が、一九四六年には一三%だったものが一九七九年には二〇%となったのも同様の理由による。一九四六年から一九七九年にかけて、ラテンアメリカ、ヨーロッパ、中東・北アフリカでも独裁の数は増加していたが、世界的な割合は減少していた。

冷戦の終結はいくつかの地域に大きな変化、それ以外の地域に小さな変化をもたらした。当然のことながら、共産主義の崩壊はヨーロッパにおける多くの権威主義体制の消滅を意味した。ヨーロッパの独裁の割合は一九七九年の九％から一九九一年には三％まで減少した（数としては九カ国から二カ国となった）。同じ時期、ラテンアメリカでも同じ理由で劇的な変化が起こった。一九七九年には世界の権威主義体制の一七％を占めていたが、一九九一年までにたったの七％となった。ラテンアメリカの権威主義体制の数は一六カ国から五カ国となった。アジアにおいて、権力の座にある独裁の割合は一九七九年から一九九一年までのあいだで変化しなかったが（二〇％前後）、その数は一九カ国から一四カ国へと減少した。ほかの場所では権威主義の数はほとんど変化しなかった。中東・北アフリカおよびサハラ以南のアフリカの両地域では同時期における独裁の割合は増加したが、その数は実質的に変わらなかった。これは冷戦の終結が中東・北アフリカおよびサハラ以南のアフリカでは権威主義に、さしたるインパクトを与えなかったことを示唆している。

権威主義の地域的な分布は、こんにちと一九九一年ではかなり似通っているようにみえる。二〇一四年時点で、ヨーロッパには権威主義体制はたった二カ国（ロシアとベラルーシ）しかない。ラテンアメリカも同様に二カ国（キューバとベネズエラ）だけであり、両地域が世界の独裁に占める割合はそれぞれ三・五％だけである。政権の座にある世界の権威主義体制の約五分の一（二二％）が中東・北アフリカに存在している。冷戦のピーク時からこの地域の権威主義は大きな変化がみられない。一九七九年に独裁者が権力の座に就いていた一五カ国のうち、一三カ国で二〇一四年時点でも独裁者がその権力を維持している。アジアでは権威主義のわずかな増加がみられた。一九九一年から二〇一四年にかけて独裁の数は増加し（一四カ国から一七カ国）、その割合は世界全体の一九％から約三分の一にあたる二九％となった。これらの体制は大きく東アジアと中央アジアに分布する。

サハラ以南のアフリカは例外である。世界のほかの地域とは異なり、この地域は一九九一年以降、権威主義について注目すべき変化があった。サハラ以南のアフリカは一九九一年時点で世界の独裁の五二%を占めていたが、その割合は二〇一四年までに四二%へと減少した。割合は減少したものの、いまだに世界のほかのどの地域よりも多くサハラ以南のアフリカで権威主義体制が権力を握っている（たぶん、他地域と比較して経済発展のレベルが低いことによる）。しかし、サハラ以南のアフリカと世界の他地域のあいだの隔たりは狭まっている。さらに、サハラ以南のアフリカにおける権威主義体制の数は冷戦の終結からかなり減少し、一九九一年の三八カ国から二〇一四年には二五カ国となった。

まとめると、こんにち、ほとんどの権威主義体制はサハラ以南のアフリカ、アジア、中東および北アフリカに位置している。二〇一四年には、この三つの地域以外ではたった四カ国にしか独裁は存在しなかった。

とはいえ、前述のグローバルな進展もあり、いくつかの地域が権威主義の兆候に対する免疫を獲得したと断言するのはためらわれる。たとえば、ヨーロッパでは現在、多くの民主主義体制が独裁への移行の淵に差しかかっているようにみえる。そうした移行が今後、具体化するならば、概して、豊かな国では権威主義が起こりにくいという権威主義台頭のルールに関するわれわれの理解は、再考を迫られるだろう。

第4章　権威主義リーダーシップ

なぜ権威主義リーダーを研究するのか?

権威主義的政治システムの舵取りを行なうのは権威主義リーダーである。彼らはほぼ常に、ほかの国内政治アクターよりも過剰に多くの権力を行使する。さまざまなかたちで権威主義リーダーは拒否権プレイヤーとして機能する。重要な決定にはリーダーの支持が必要であり、重要な政策はリーダーが同意しなければ成立しない[1]。したがって、権威主義体制における政治的帰結を理解したいのであれば、第一にその体制を支配するリーダーの選好に注目する必要がある。

権威主義リーダーの個性、経歴、特異性は、民主的リーダーのそれと同様、政治的選択に影響を与えうる。たとえば、ウガンダのイディ・アミンは、ほとんど教育を受けておらず事実上文盲であった[2]。彼は権力を握っていた一九七一年から一九七九年のあいだに、教育を受けた役人を追放し、経験の浅い新人に置き換えた[3]。アミンは専門家の助言を退け、代わりに占い師と自身の直感に頼ることで知られていた[4]。アミンが教育を受けていなかったことが、在任中、教育を受けた人びとを威圧的もしくは脅迫的と感じた理由であったのかもしれない。最終的にウガンダ経済を破壊し、タンザニアとの戦争を煽る悲惨な政策選択につながったが、それは彼自身の個人的な背景が関係していたということであろう。

もちろん、これを実証するのは困難だ[5]。異なる個人が政権を握っていればウガンダ政治は違ったものになっていただろうと、どうやって知ることができるだろう。反実仮想はこのような疑問に光を当てることができるが、必ずしも実際に効果的に実行するのは簡単ではない[6]。

個々のリーダーの特異性を特定の結果の原因として指摘したくなる一方、独裁者が直面している文脈やインセンティブ構造は、私たちが考えている以上に重要なのかもしれない[7]。ウガンダの場合、アミンは前任者のミルトン・オボテと同様、リーダーに対する実質的制約がほとんどない環境で統治していた。権威主義体制におけるこのような制約のない政治環境のなかでは、リーダーは異を唱える者を粛清し、助言者の能力よりも忠誠心を優先し、場当たり的な政策を選択するのが一般的である[8]。アミンの行動は、彼が統治を行なっていた構造から予期されるものと整合的だったともいえる。

本書では、リーダーのユニークな性格、背景、奇行が政治的帰結に影響を与える可能性があることは否定しないものの、それ以上にリーダーのインセンティブとそれへの制約によって選択が形成される面を重視する。権威主義リーダーがどのような行動をとると想定されるか、その置かれた文脈において予測可能な傾向を浮き彫りにすることが目的である。これは権威主義政治を理解するうえできわめて重要である。というのも、独裁下では主要政策のほぼすべてにリーダーの支持を必要とするからだ。

なぜ一部の権威主義的なリーダーはほかのリーダーよりも強力にみえるのか？

権威主義体制のリーダーのなかには、北朝鮮の金正恩《キムジョンウン》のように全能のごとく振る舞える者もいれば、ベネズエラのニコラス・マドゥロのように常に敵対者との緊張関係のなかにいるような者もいる。このような権威主義体制間での違いは、リーダーが支配権を獲得する願望の程度差にではなく、リーダーが統治する文脈に定められた能力に起因している。

これらの観測は、すべての権威主義リーダーは自らの政治権力の最大化を試みるという本書の根底にある前提に由来する。彼らの政治的選択は支配確立の追求を反映するものであるが、その権力最大化の能力は、どの権威主義体制でも一定ではなく、むしろリーダーが統治する環境に左右される。権威主義リーダーは、支配を強化できる状況でこそそうするのだ。

権威主義リーダーは権力を維持するためにどのような戦略を使うのか？

権威主義リーダーは常にその統治に対する脅威に直面している。エリートたちが常にリーダーの地位を奪おうと画策するだけでなく、潜在的な大衆の不安感が蜂起へと発展する可能性もある。したがって、権威主義政治のリーダーシップが不安定なのは当然のことであろう。

リーダーは、大衆の脅威よりもエリートからの脅威を緩和することを優先する傾向がある。これは、エリートによって自らが追放される確率のほうが、大衆によってそうされる確率よりも、概して高いからである。

リーダーは、エリートが権力の座から自分を追い出す危険性を軽減するために、さまざまな戦術を用いる。ところが、エリートの誰が自分の仲間で、誰が敵なのか真に知ることができないという点がこの戦略を複雑にさせる。(9)エリートたちは自らの真意や野心を隠すインセンティブを持っており、表向きにはリーダーへの忠誠心を表明しつつ、裏ではリーダーを追放する陰謀を隠すことができる。そのためリーダーからしてみれば、誰を信頼でき、誰を信頼できないのかという複雑な推測ゲームが生じる。

その結果、権威主義リーダーは、(一)エリートがリーダーの集団から離反する可能性と、(二)そのためにエリートが結託する能力の、両方を知るため相当な努力を費やす。なぜなら、権威主義リーダーを権力から離脱させる手段がクーデタ(本章で後述)であり、彼らはそれを防止したいからである。

エリート離反のリスクを最小化するために、多くのリーダーがエリート層に対するアメとムチを生存戦略として採用している。リーダーは、エリートの支持者に対しその忠誠心を維持させるインセンティブとして、政治的ポストと/もしくは役得を報酬として与えようとする。たとえば二〇一〇年の北朝鮮では、当時の金正日《キムジョンイル》総書記が、息子の金正恩の「後見人」の報酬として国家安全保障部長の禹東測《ウドンチュク》を朝鮮人民軍大将へと昇格させた。(10)それと同時にリーダーは、潜在的に地位を危うくしかねない人物の地位を下げたり、不忠義はリスキーであるというメッセージをエリートたちに送ったりすることで、その忠誠心を律しようとする。罰則は降格から死刑にまでいたる。北朝鮮の例はここでもわかりやすい。二〇一一年の父の死後にリーダーの座を引き継いだ金正恩は、クーデタを企てた容疑で、叔父で庇護者であった張成沢《チャンソンテク》を二〇一三年に処刑した。(11)

エリートは、リーダーを支持し続けるかどうかを決定する際、離反のメリットがそのコストやリスクを上回るかどうかを計算しなければならない。環境の変化が、この評価に影響を与える可能性がある。たとえば経済危機は、リーダーを支えることで得られる特典を減らし、エリート離反を促す可能性がある。大衆抗議運動を誘発する汚職スキャンダルなどの出来事も、リーダーの不人気を印象づけ、離反で予期されるリスクを下げるので、エリート離反を促す可能性がある。留意すべき点として、このような計算は必ずしも自明ではなく、エリート自身も正確に評価できるわけではない。

もちろん、権威主義リーダーを権力から引きずり下ろすには、一個人以上の協力が必要である。少数の支援で実行できるクーデタでさえも、一人では実現できない。離反するエリートは、ほかのエリート離反者と力を合わせて独裁者に正面から挑まなければならない。それゆえに権威主義リーダーは、エリートを分裂させ互いに競わせようとする。いわゆる分断統治型の戦略である[12]。このなかには、エリートの地位の頻繁な移動や、相互的な疑心暗鬼を招く人事などが含まれる。その結果、エリートたちはリーダーの集団内での他者に対する自らの立ち位置がわからない不確実性が高い環境に置かれる。これは、リーダーに対抗する特定集団の形成を防ぐだけでなく、ライバルによる独自の権力基盤確立の防止にもなる[13]。

要点としては、権威主義リーダーは自身の権力を維持するためにクーデタを防止したいのである。先述のように、権威主義リーダーが倒されるもっとも一般的な方法がクーデタである。クーデタには少なくとも一部の軍人の参加が必要で、彼ら自身がリーダーの集団の一員あるいはその代表として活動していることが多い。クーデタのリスクを減らすために、権威主義リーダーはさまざまな戦術を用いる。このなかには、軍内部にリーダーの忠誠者を増やすことを目的に、軍人の雇用や昇進へ介入することや、リーダーの護衛を専門とする親衛隊を設立するなどして、正規軍に対抗する複数の治安部隊を用意することなどが含まれる[14]。たとえばイラクでは、サッダーム・フセインが軍事クーデタの脅威を抑えるために複数の軍事集団を結成し、なかでももっとも忠誠心の強い集団が彼の個人警護を担当していた[15]。こういったクーデタ防止策は、軍事クーデタから独裁者を守る効果を持つ一方、軍部を怒らせ、防止しようとしていた出来事を引き起こしかねない点は留意すべきだろう[16]。

権威主義リーダーがこれらの生存戦略を追求する能力は状況によって異なっている。それは、リーダーとエリートのあいだのパワーバランスや、リーダーが自由に使えるリソースなど、さまざまな要因に依拠する。

個人化とは何か?

ほとんどの権威主義リーダーは在任中、人事権、政策指示、治安部隊など、できるだけ多くの主要な政治手段を個人的に支配しようとする。ベラルーシのアレクサンドル・ルカシェンコのように、権力最大化の努力で成功しているリーダーもいるが、他方でブルキナファソのブレーズ・コンパオレのように、その努力に失敗するリーダーもいる。後者は、二〇一四年に任期延長の憲法改正を試みたが、それがかえって大衆蜂起を招き辞任を余儀なくされた。リーダーによる支配強化の試みは常に観測できるとは限らないが、一般論として権威主義リーダーはそれを望んでいると推測できる。

独裁者がより大きな政治力を手中に収めることに成功したとき、彼らはその体制をより個人化したといえる。個人化とは、リーダーが体制に対して自分個人の支配を強化するプロセスを指す。それはリーダーとエリート間のパワーバランスがリーダー優位になったことを示す。この権力関係の変化は通常、そのリーダーが離脱するまで続く。多くの場合、一つの領域で権力掌握に成功すると他の領域でも成功し、在任中にその権力はますます強化されていく。権力掌握のたびにリーダーは権力を蓄積し、エリートがそれに異議を唱えることはますます困難になる。[17] 個人化という現象は民主主義体制でも起きるが、自由で公正な選挙のおかげで、権威主義体制の文脈でみられるレベルにまで達することは妨げられる。[18]

権威主義体制における個人化は通常、権力掌握直後の数年間、すなわちゲームのルールがまだ不確実な時期に起こる。[19] 独裁者の三分の一が、この時期に体制の個人化を成功させている。[20] 個人化が体制後期に発生することもあり、いつでも生じうる。個人化は、その範囲も多様であり、リーダーによって個人化への取り組みの成否はわかれる。

共産党政権下の中国は、このようなダイナミクスの好例である。一九四九年の革命後、毛沢東は支配を強固なものにするために数多くの反対者を処刑するなどした。[21] 一九七六年に毛沢東が死ぬまで権力は彼の手にしっかりと握られていたが、その死後、個人化の程度は低下し、中国はより集団的な体制へと移行した。その後、習近平のもとでふたたび個人化に転じたが、毛沢東時代のような個人化のレベルにはまだ達していない。[22]

個人化が発生する原因についてはまだよくわかっていない。わかっているのは、リーダーの集団が、職業軍人や一体性ある政党から輩出されるなど、統一されよりよく組織化されている場合に、個人化は発生しづらいということである[23]。そのような状況があれば、組織内部で団結してご都合主義のリーダーを打倒することが容易になり、リーダー執行権力の拡大が防がれる[24]。だが、そもそもそのような特徴を有するリーダーの集団による権威主義体制が生じる条件については、まだよくわかっていない。

個人化の兆候とは何か?

個人化の兆候はいくつかある。本節では、もっとも一般的な六つの兆候について説明する[25]。これらの兆候は、リーダーの手中で権力が強化されていることを表わしている。

個人化の第一の兆候は、その取り巻きが小さくなることである。権力掌握直後には一定の縮小が起きるものだが、それが強烈な場合にはリーダー個人に権力が集中する[26]。支援集団の規模を縮小することで、リーダーは政策的な影響力と利権をシェアする人数を減らせる。これによりリーダーはより大きな決定権を手にすることができる。たとえばロシアでは、プーチンの取り巻きは二〇人から三〇人と推定されているが、その強力な味方は全員が軍および治安関係者である。この集団でロシアの意思決定をほぼ行なっているといわれており、ロシアでもっとも強力な数名がここに含まれる[27]。

個人化の第二の兆候は、権力の要職に忠誠者を配置することである。リーダーは、主要政府機関——主に裁判所・治安部門、軍部、役所など——に自身の忠誠者を送り込もうとする。誰を昇進させるかを評価する際にも、能力より忠誠心を優先する。信頼はほかのすべてに勝る、というわけである。たとえばベネズエラのウーゴ・チャベスは、司法、中央銀行、国営石油産業など、多くの分野の主要ポストにチャベス派を配置した。こういった決定を行なう際、「専門性は忠誠心の前には二の次」であった。[28] 同時にリーダーは、反対者らを政府要職から排除するか、少なくとも反対派の影響力を無力化しようとする。たとえばトルコでレジェップ・タイイップ・エルドアンは二〇一六年のクーデタ未遂を利用して、役所、司法、軍部における体制内反対派の粛清を開始した。[29]

個人化の第三の兆候は、有力ポストへ身内を昇進させることである。身内は、忠誠者のように、権威主義リーダーからみて専門家より信頼できる味方である。したがってリーダーは、たとえ身内に政治経験がなかったとしても、影響力のある立場に家族を置くことを試みる（しばしば実際に行なわれる）。周囲を身内で固めることで、リーダーは自身の政治ビジョンを遂行するうえで信頼できる個人を確保することができる。サッダーム・フセイン下のイラクがこの戦術をよく例証している。みなその適切な資質・経験を有していなかったにもかかわらず、フセインは身内を治安部隊の主要ポストに昇進させた。次男のクサイは革命防衛隊を、長男のウダイはフェダイーンを、いとこのバルザン・アブド・アル＝ガフルは共和国防衛隊を率いた。[30]

個人化の第四の兆候は、新しい政党や運動の創設である。リーダーは旧来の政治勢力の影響力を弱め、自らに挑む可能性のあるライバルを傍流に追いやる手段として、新しい政治組織や運動を創立する。そうすることで、リーダーは支持者を組織する新たな手段を手に入れることもできる。その一例が、ペルーのアルベルト・フジモリによって創設されたカンビオ90で、一九九〇年に正式に樹立されたのち、一九九二年の権力掌握を支援するために使用された。別の例として、一九九七年にチャベスがベネズエラで第五共和国運動を設立し、この運動はその一〇年後にベネズエラ統一社会党となって、チャベスが依拠する主要政党となった。

個人化の第五の兆候は、重要決定手段としてレファレンダムもしくは国民投票を使用することである。リーダーは通常、より大きな権限を与える憲法改正などを企図してこの戦術を使用する。国民に直接アピールし投票に依拠することで、そのような決定により強い正当性を与えるが、それが人びとの意志を真に反映したものであることはほとんどない。古典的な例がナチス・ドイツの例である。ドイツ政府は一九三四年に、帝国の大統領と首相の権限を統合する決定について国民から承認を得るべく、国民投票を実施した。大多数の有権者が「賛成」に投票し、ヒトラーの権限が強化された。[31]

最後に、個人化の第六の兆候は、新たな治安部門の創設である。この目的は、軍部の力を相対化し、軍人がクーデタを起こすのを抑止することにある（つまりクーデタ防止である）。この戦術はリスキーなものであるが（軍部が独裁者の意図を察知した場合、対抗するために実際にクーデタを起こす可能性がある）、リーダーが新たな武装組織の創設に成功すれば、それが彼の支配強化を示すシグナルにもなる。伝統的な軍隊とは別に存在する忠実な治安部隊の存在は、リーダーが軍事的に追放される可能性を減らし、その結果として、リーダーに対する軍部の交渉力を低下させる。たとえばハイチのフランソワ・デュヴァリエはその身を守るため、自分に忠誠を誓い山刀《マシェット》で武装した若者集団であるトントン・マクートを一九五九年に創設した。[32] この集団は、治安警察として機能し、いつしか軍部を凌駕するまでになった。

個人化の帰結として権威主義政治に何が起こるか？

権力の個人化とは、権力がリーダーの手に集中することを意味する。このような特徴を持つ政治システムは個人独裁と呼ばれている（第5章で詳述）。こうした個人独裁では、リーダーはその統治を制約されずに自分の選択した政策を遂行することができる。エリート層はリーダーの行動を制約することも、その行動に責任を持たせることもできず、結果として、リーダーは誤った選択をしても反発なしに済ませることができる。個人独裁におけるリーダーは決まって、有能なアドバイザーではなく忠誠者でその周りを固める。通常、不忠実な者は全員追放され、代わりのエリートが取り巻きに加わる。

個人独裁のこういったダイナミクスが、政治的帰結に否定的な影響を及ぼすことが研究によりわかっている[33]。そのひとつとして、個人独裁はあらゆる権威主義体制のなかでもっとも汚職にまみれやすい[34]。リーダーは狭い支援者集団に対し、クライエンテリズムにもとづいてリソースを配分し、それが汚職につながっている。リーダーの行動に対する制度的な制約は弱く、権力の乱用を容易にする。

また、個人独裁は権威主義体制のなかでもっとも国家間紛争を起こしやすい[35]。国内からの制約なしにリスクのある行動がとれるため、個人独裁のリーダーは核兵器開発にも投資しやすい[36]。個人独裁のリーダーたちは、核兵器を安全保障上の懸念に対する魅力的な解決策としてみなすことが多く、制約なしにその開発に邁進することができる。個人独裁のリーダーは、もっとも外交政策上の過ちを犯しやすい独裁体制でもある[37]。彼らはたいてい、自分の聞きたいことだけを言うイエスマンに囲まれており、部下から外交政策に関する正確な情報を得ることができないからである。

否定的な影響はほかにもある。権威主義体制のなかでは、個人独裁がもっとも非協調的な行動をとる。[38]個人独裁では、リーダーが柔軟に選択することができるため、国家間協定の締結をもっとも拒否しやすい。対外援助をもっとも浪費するのも個人独裁である。[39]彼らはその援助を利用し、支配を長期化する手段として自分と支持者の懐を潤すことができる。こういった行動の古典的事例が、モブツ・セセ・セコのもとでのコンゴ民主共和国（旧ザイール）の経験である。

さらに厄介なことに、個人独裁は、その崩壊時に民主化する可能性がいちばん低い権威主義体制である。[40]個人独裁のリーダーは最後まで権力にしがみつくため、体制移行はしばしば長い血みどろの争いとなる。イラクのサッダーム・フセイン失脚、リビアのムアンマル・カダフィ失脚がその例である。個人独裁の崩壊後に残された制度的空白では、民主化を進めるのは非常に困難である。その結果、個人独裁の崩壊後には、新しい独裁政権（たとえば、ポル・ポトの後のカンボジア）や破綻国家（たとえば、シアド・バーレの後のソマリア）に移行することが多い。

要約すると、権力集中は、世界の平和と繁栄にとって否定的な政治的帰結を醸成する政治ダイナミズムにつながる。権威主義体制のなかでも、一人のリーダーが支配を確立している体制――すなわち個人独裁――は、戦争から援助の悪用まで、幅広い悪事と関連している。

こうしたことから、国際コミュニティの人びとは、権威主義リーダーの行動に細心の注意を払い、彼らが個人化の兆候を示しているかどうか評価することが賢明である。すでに個人化に成功したリーダーが在任中にその動きを巻き戻すことは難しい。それを押しとどめるための第一歩は、個人化の動きの兆候を素早く察知できるようにすることにある。

権威主義リーダーはどのように権力から離れるのか?

民主主義リーダーとは異なり、権威主義リーダーが投票で退陣させられることはほぼない。ほとんどのリーダーは、はるかに不愉快な方法で権力の座から降りることになる。通常、権威主義リーダーが権力を離れる方法は大きく二つのカテゴリーに分類される。つまり、部内者（インサイダー）が主導する退出と部外者（アウトサイダー）主導の退出である。[41] さらに、権威主義リーダーのなかには在任中に死亡する者もいる。

部内者主導の退出には主に二つのタイプがあり、それはクーデタと「通常の（regular）」退出である。クーデタは軍部が実行する強制的追放であり、通常、自身も政権エリートの一部である上級将校によって、軍政ならば下級将校らによって、実行される。前者の例としては、一九九一年、マリの大統領護衛官らの手によるムーサ・トラオレ大統領の退陣劇、後者の例としては、一九六七年にベナンのクリストファ・ソグロ将軍に対する下級将校主導のクーデタがある。「通常の」退出とは、武力行使をともなわない部内者主導の退出である。[42] 任期の終了、辞任、政治局や軍評議会（junta）における合意、（稀にではあるが）選挙によるリーダーの敗北などがここに含まれる。権威主義リーダーの主要目標が権力維持であり、彼らが自発的に権力を手放すとは想定しづらいことを考えると、こういった退出は政権内部からの圧力によるものだと推測するのが妥当であろう。「通常の」退出の陰には、武力に頼ることなくリーダーを退陣させるに十分な力を持つ政権エリートの存在が示唆される。例として、メキシコでは制度的革命党（ＰＲＩ）の数十年におよぶ支配の間に、大統領がつぎつぎと交代したことなどがあげられる。

この政党は組織的に強固であったため、リーダーは後継者を指名して、六年の任期を終えるという「デダソ」の伝統を維持することができた。ほかの例として、一九九九年にロシアでボリス・エリツィンが辞任したことなどがあげられる。一部の研究によると、クレムリンの戦略家たちが自分たちの好ましい後継者ウラジーミル・プーチンを大統領職に就けるよう、良いタイミングを計ったという指摘もある(43)。アルメニアのレヴォン・テル゠ペトロシャンも、ナゴルノ・カラバフ紛争の対処をめぐって閣僚らとのあいだで対立を激化させた結果、一九九八年に辞任することになった。

大衆主導の退出としては、反乱と民衆蜂起の二つのタイプがある。これらの転覆の方法はわかりやすいだろう。用いられる暴力の強度に関係なく、どちらの場合も何らかの大衆集団（反乱の場合は反乱組織、民衆蜂起の場合は一般市民）がリーダーを権力の座から強制的に引きずり下ろす。一九九〇年にリベリアでサミュエル・ドゥが反乱軍の手によって倒されたのが反乱による政権交代の例であり、二〇一一年のエジプトにおける大規模デモ後のホスニー・ムバーラク政権の終焉は、民衆蜂起による転覆の例である。

最後に、独裁者は在任中に死を迎えることもあるが、それは暗殺（たとえば、一九六一年のドミニカ共和国のラファエル・トルヒーヨ）や自然死（たとえば、二〇一一年の北朝鮮の金正日）の双方を含む。

一九五〇年から二〇一二年まで、四七三人の権威主義リーダーが権力から離脱した。これらの退出の大部分（六五％）は体制の部内者の手によるもので、クーデタと「通常」はそれぞれ全退出の約三分の一を占める。権威主義リーダーの二〇％は在任中に死亡し、大衆の手によるものは一〇％のみである（反乱が三％、民衆蜂起が七％）。権威主義リーダーの退出のうち、残りの五％は大国による押しつけ

（たとえば、一九八九年に米軍によって倒されたパナマのマヌエル・ノリエガ）か、分類不能のものによる。

これらの数字も、権威主義リーダーが体制内エリートを恐れる理由を説明している。つまり、部内者の手による退出の数がほかの権力離脱の形態よりも突出している。また、多くの場合、権威主義リーダーを離脱させるために武力が必要である一方、約三分の一の場合はそうではなく、代わりに「通常の」手段を使って失脚させられている。権威主義リーダーの権力退出といえば、暴力的な転覆がイメージされやすいが、ときにはエリートが集団的に十分な力を持つことによって、独裁者の頭に銃を突きつけることなく引退させることもあるのだ。また、在任中の死は、想像以上に一般的である。約五人に一人の独裁者が在任中に死亡している。これは、権威主義リーダーたちがその地位にとどまることにどれほど固執するかを反映しているともいえるだろう。彼らは、許される限り息を引き取るまで支配する。

こんにち、権威主義リーダーはどのように権力から離れるのか？

第二次世界大戦後、権威主義リーダーの権力からの離脱については、多くの重要な変化があった。一〇年ごとの権威主義リーダーの権力退出の内訳を示した図4-1は、このことを説明している。まず、部内者主導の退陣（クーデタや「通常の」退出）は、権威主義リーダー退陣のもっとも一般的な方法であるが、近年はかなり減少している。たとえば、一九六〇年代には、部内者主導の退出が全体の七〇％以上を占めていたが、二〇一〇年から二〇一二年は全体の五〇％以下にまで減少した。部内者

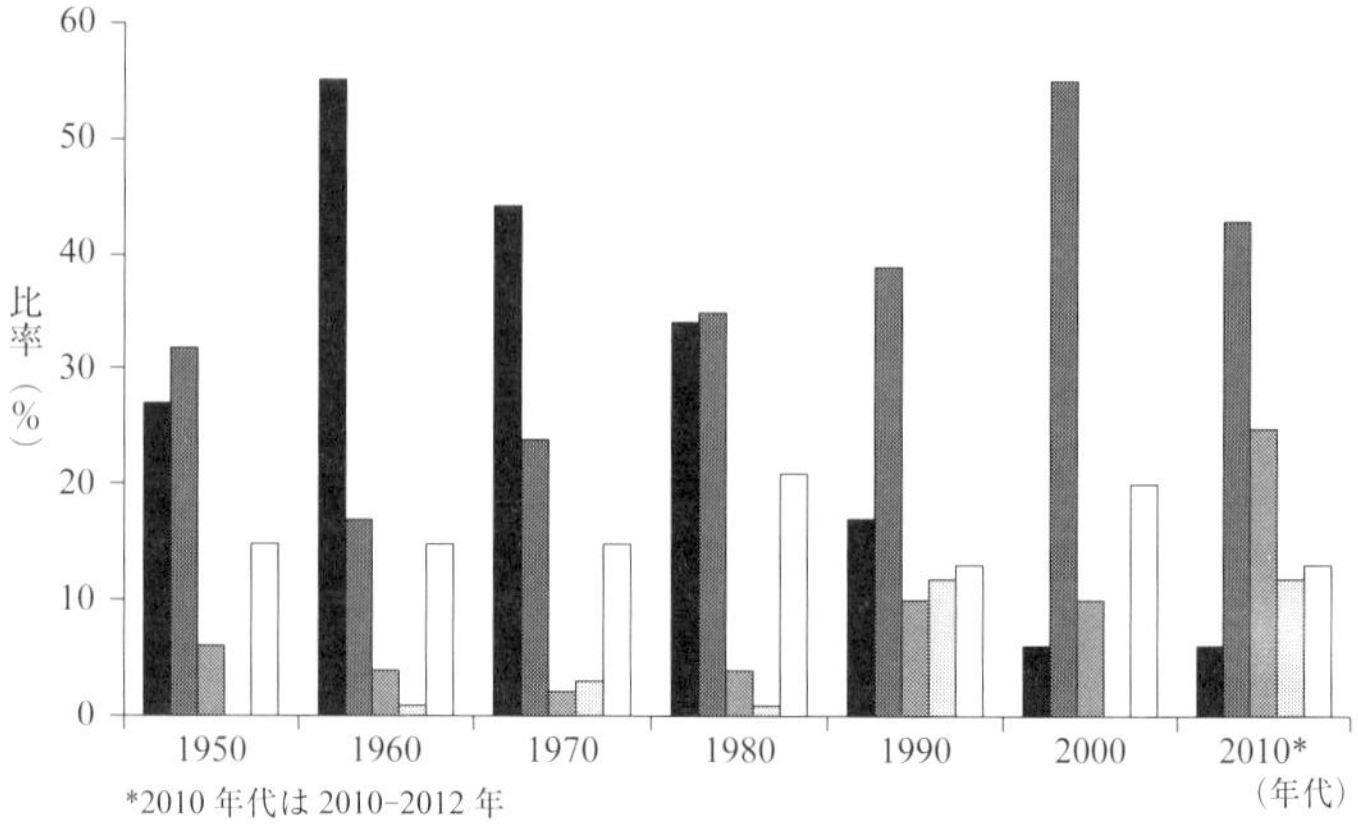

図 4－1　独裁者打倒の形態（1950–2012年）

主導の退出が減少したのは、クーデタが激減したためであり、「通常の」退出はこの間に増加している。

データは、冷戦の終結後、権威主義リーダー退任の一形態としてクーデタが劇的に減少したことを示している。一九六〇年代のピーク時には、クーデタが権威主義リーダー退出の半数以上（五五%）を占めていたのに対し、二〇〇〇年以降は約六%にまで減少している。これは冷戦終結後、西側諸国の地政学的な優先順位の変化が軍事独裁の減少につながり、その結果としてクーデタの減少につながったという研究結果と一致している[44]。冷戦の終結は、アメリカやEUによるクーデタによって権力を奪取した国への対外援助を禁ずる立法にもつながり、これがクーデタを実行しようとするインセンティブを弱めたため、その頻度が減少した[45]。

同時に、権威主義リーダーの「通常の」解任は時間の経過とともに増加し、一九六〇年代と一九七〇年代には全リーダー退出の四分の一以下にすぎなかったものが、二〇一〇年から二〇一二年には四四%にまで増加した。この増加は主に、近年の強力な政党を持つ権威主義体制の台頭を反映しており、そのなかには、中国やヴェトナムの共産主義体制のようにリーダーの選択や解任に影響力を持つエリートの存在によって特徴づけられるものがある(46)。

大衆主導の退出(民衆蜂起や反乱)も冷戦の終結後に増加している。このような退出は、冷戦期には全体の約五%を占める程度だったが、冷戦後その数は二倍以上になった。たとえば反乱は、冷戦期にはリーダー退出のほんのひと握りであったが、その後——とくに一九九〇年代には——より一般的なものとなった。これはソ連崩壊時に世界的に内戦が増えたこととも関連する(47)。反乱は、二〇一〇年から二〇一二年には権威主義リーダー退出の一〇%強を占めている。民衆蜂起もまた、増加傾向にあるようにみえる。冷戦期には退出全体の五%以下であったが、二〇一〇年から二〇一二年のあいだには二五%に急増している。二〇一〇年のキルギスでのクルマンベク・バキエフ体制の転覆、二〇一一年のチュニジアのザイン・アル゠アービディーン・ベン・アリー体制の転覆などがその例である。この変化の理由として、冷戦の終結以降多くの権威主義体制が一定の政治的競争を容認していること、それが市民の街頭行動や動員能力を向上させている可能性などがあげられる(48)。

民衆蜂起の劇的増加が今後も続くかどうか判断するのは早計だろう。しかし、データは、権威主義リーダーに対する挑戦として民衆蜂起の件数が増えていることを示唆している。この傾向が続くとすれば、権威主義リーダーが権力を維持するために用いる戦略に変化が生じ、大衆の選好に対処することが優先されるようになるだろう。

権威主義的なリーダーは権力離脱後どうなるのか？

権威主義リーダーのなかには、権力から離れたのちに平和な引退生活に入る者もいるが、他方ではるかに悪い運命に導かれる者もいる。

データは、大多数のリーダーが権力からの離脱後も順境にあることを示している。権威主義リーダーの五九％は、権力を離れた後も通常の生活を送ることができている。[49] たとえば、ソ連の崩壊にともないミハイール・ゴルバチョフは一九九一年に権力から離れたが、こんにちまでロシア政治で活躍している。一九六四年までソ連を支配していたニキータ・フルシチョフはソヴィエト・エリートによってその座を追われたが、その後も体制によって年金と住宅が与えられた。[50]

その一方で、四一％の権威主義リーダーが辞任後に逆境に見舞われることもこのデータは意味する。権威主義リーダーの二〇％が権力から離れたのちに亡命を余儀なくされ（たとえば、二〇〇〇年のペルーのフジモリ）、一二％が投獄され（たとえば、一九八九年のパナマのノリエガ）、九％が殺害された（たとえば、一九八九年のルーマニアのニコラエ・チャウシェスク）。これらは、権力掌握中の権威主義リーダーの決定に影響を与えるに、十分高い数字であろう。

権力離脱後の処罰への恐怖はリーダーの行動にどう影響するか？

リーダーによる明日への見通しは、強烈に今日の行動を条件づける。これは独裁者か民主主義者かにかかわらず、すべてのリーダーに共通する真実である。しかし、権威主義リーダーは民主主義リーダーよりも、失脚後に処罰される可能性が高い。通常、民主主義リーダーは自由で公正な選挙を経て権力から離れるのであって、安全な退出が保証されている。対して権威主義体制では、あるリーダーから次のリーダーへ権力を移譲するためのメカニズムが確立されているわけではなく、スムーズなリーダーの交代はあまり一般的ではない。権威主義体制におけるリーダー交代は、武力によって行なわれることも多く、その結果、リーダーだった者たちが「悪い」運命に直面する可能性が高くなる。[51] 先述のとおり、多くの権威主義リーダーは権力から離脱後も好待遇を受けるものの、三分一以上は離脱にともなって亡命、投獄、殺害を余儀なくされる。

重要なこととして、離脱後に処罰されることをリーダーが憂慮した場合、リスクの高い行動をとるようになるという研究結果が出ている。[52] 失脚後に悪い運命が待ち構えているという見込みは、他国への侵略の可能性を劇的に高める。紛争はリーダーにとってリスクの高い決断である。敗北すれば解任の危機に陥る可能性があるが勝利すれば国内人気を高めることができる。この種のギャンブルは、地位が保障され権力から離脱後に罰せられる可能性が少ないリーダーにとっては得にならない。しかし、政治的に脆弱で権力喪失後に不幸な運命を辿る危険性のあるリーダーにとっては、魅力的な戦略となりうる。このように、リーダーが権力から退いたのちに処罰される可能性が高い場合、彼らは権力喪失を回避するために紛争に頼る可能性が高くなる。

実際に経験的証拠はこれを裏づけている。権力離脱後の処罰が強くなるほど、リーダーが紛争を仕掛ける確率が上がる。[53] これは、なぜ権威主義リーダーは民主主義リーダーよりも好戦的なのかについても説明してくれる[54]。

アミン下でのウガンダの経験が、このことをよく例示している。一九七一年に政権に就いたアミンは、在任期間が進むにつれて急速に不人気になった。彼のひどい経済政策と、一般市民やエリートに対する極端な残虐行為で、多くの人から憎悪されるようになった。一九七八年に謎の交通事故で副大統領のムスタファ・エイドリシ将軍が殺害されると、彼に忠誠を誓った部隊が反乱を起こした。自身が倒される恐れをアミンが抱いたのも無理はない。その後間もなく、アミンは国内の苦境から目をそらすためにタンザニアに侵攻し、その領土の一部を併合した[55]。

退出時のコストを恐れる権威主義リーダーは、紛争をはじめやすいことに加え、その市民を弾圧する可能性が高いという証拠もある[56]。リーダーが自分たちの統治への脅威が高いと認識している場合、彼らは政権転覆阻止のために抑圧的手段を用いやすい。

驚くにはあたらないが、悪い運命に遭遇しそうなリーダーほど、最後まで権力にしがみつきやすい。その結果、いざ彼らが権力を離れるとき、それはしばしば暴力的となり、往々にして体制崩壊を引き起こし、概して、その後出現する新体制は権威主義体制となる[57]。

権威主義リーダーが権力を離れるとき体制には何が起こるか？

権威主義リーダーの権力喪失に体制崩壊がともなうのは約二分の一である[58]。第2章で議論したように、権威主義政治を分析する際には、権威主義リーダーとそれが率いる体制との区別に注意が必要である。

リーダーが去ることは必ずしもその体制の崩壊を意味しない。

とはいえ、権威主義リーダーの失脚の様態は体制崩壊の可能性も左右する。データによると、リーダーの交代と同時に体制変動が起こりやすいのは、武力でリーダーが追い出された場合である。たとえば反乱や民衆蜂起によって倒された権威主義リーダーは、その権威主義体制とともに追放されることが非常に多い（それぞれ八七％、八五％）。これは、どちらの形態の権力転覆も、通常、広範な政治変革のために行なわれるためである。

驚くなかれ、クーデタが体制変動につながるのは約半数（五二％）にすぎない。クーデタは武力行使をともなうが、しばしば体制崩壊まではその目的に含まれない。たとえるなら、軍事独裁におけるクーデタは、議会制における不信任投票のようなものであり、単にエリートがリーダーを権力から降ろすための「投票」にすぎない場合もある[59]。このため、リーダーが倒された後も体制は無傷のまま残る。

「通常の」解任で体制崩壊をともなうのは四二％である。多くの場合、これらの権力交代は制度化された権力継承プロセスの一部であって、明らかに、リーダー交代にともなう体制の脆弱化を保護する目的で設計されている。メキシコのPRI下での二〇世紀の経験は、毛沢東後の中国共産党のもとでのそれと同じく、これを例証している。稀に、「通常の」解任が、体制リーダーと体制のその他のアクターとの交渉の結果、権力の座から離れるために行なわれる。このような場合、取り決めの一部として意図的にリーダー退任と体制崩壊がセットで生じる。一九八三年のアルゼンチンでは、フォークランド戦争での悲惨な結果を受けて、レイナルド・ビニョーネ将軍と軍エリートの交渉の結果、軍部が権力の座から退くことを決定した。

重要なこととして、独裁者の死が不安定な政治的内紛を煽り、体制崩壊をもたらすのではないかとの推測がしばしばなされるが、実際にはこれはほとんど起こらない[60]。現職リーダーの死亡は――暗殺にせよ自然死にせよ――体制崩壊にほとんどつながらない。死ぬまで統治していたという事実は、その独裁者がとくに支配能力に長けていたということを含意し、つまりそれまで非常に忠誠的な体制エリートが存在していたことを示唆する。そういったリーダーはたいてい、現状維持に強い意欲を持った体制アクターを残すことになる。実際、リーダーが任期中に死亡した場合、体制崩壊が発生するケースはわずか九％にすぎない。むしろ、その体制維持こそが規範となる。二〇一二年にベネズエラのチャベスが死んだときも、その前年に北朝鮮の金正日が死んだときも、権威主義体制は維持された。

要約すると、権威主義リーダーが権力を離れるとき、その体制も後を追うわけではない。ただしそれはリーダー交代のあり方には左右される。反乱や民衆蜂起という広範な反対運動によってリーダーが政権から追い出された場合には体制崩壊が併発しやすい。「通常の」解任のようにリーダーが平和的に退陣した場合には、体制崩壊が起こる可能性ははるかに低い。また、リーダーの死亡にともなって体制崩壊が起こることは非常に稀である。

第5章　権威主義体制のタイプ

権威主義体制はそれぞれどのように異なるか？

権威主義体制どうしの違いは、ときに民主主義との違い以上に大きくみえることがある。極端な例として、アフリカ南部のジンバブエとボツワナで数十年統治してきた二つの権威主義体制を取り上げよう（どちらも執筆段階では存続している）。これらの国では、それぞれジンバブエ・アフリカ民族同盟愛国戦線（ZANU-PF）とボツワナ民主党（BDP）が支配してきた。しかし、それぞれの体制における政治のあり方は大きく異なっている。ジンバブエでは、ロバート・ムガベが一九八〇年から二〇一七年まで唯一の体制リーダーであり、九三歳でその地位から追いやられるときまで、彼は引退するそぶりをまったく見せなかった。二〇一七年に彼の妻のグレースが、もし二〇一八年の総選挙前に夫が死んだとしても「死体として」出馬すべきだと述べたほどである[1]。権力はムガベの手に集中し、人権は広範に侵害され、ジンバブエの腐敗ランキングは一七六カ国中で一五四位と、世界でもっとも腐敗した国のひとつとなっていた[2]。彼の後継者であるエマーソン・ムナンガグワのもとで、多くの変化が起きるのか疑わしい。対照的にボツワナの体制のリーダーは、現職のイアン・カーマで四人目となり、任期制限により、彼もその満了にともなって引退する見込みである[3]。実質的な政治権力はボツワナ民主党にあり、リーダーは党の統制下にある。ボツワナの腐敗はアフリカ最少であり、世界全体でもかなり少ない（前出ランキングで三五位[4]）。本書ではボツワナを選挙の不公正さにより権威主義体制とみなしているが[5]、人によっては民主主義的と判断するケースさえある[6]。いいかえれば、ボツワナは、ジンバブエのような権威主義体制よりも、ガーナのような民主主義体制とのあいだに、多くの共通点があるようにみえるのである。

この比較が示すのは、権威主義体制もそれぞれさまざまな違いを抱えているという事実である。いくつか例をあげると、権力維持のためにどのような制度に依拠するのか、選挙の競争性をどの程度許容するのか、リーダーが直面する制約、人びとをどの程度抑圧するか、国家をどの程度私物化できるか、といった点があげられる。

権威主義体制を特徴づける制度的差異は何か?

権威主義体制は、民主主義の要件である自由で公正な選挙を欠いているが、それとよく似た政治制度を取り込んでいる。多くの権威主義体制は基盤として政党に依拠し、なかには政治過程において野党の存在を許しているものもある。議会も権威主義体制では広範にみられ、体制支持者が議会を支配し、ときには野党が実質的な代表権を持つ場合もある。権威主義体制では選挙も普通のことで、定期的に実施される。権威主義体制下での選挙は非常に多様であるが、真の競争性を欠くという一点で共通している。何かしらの理由で自由で公正な競合が欠如している場合もあれば、投票に際し候補者が一人しかおらず結果があらかじめ決まった芝居のようなものもある。権威主義体制は、選挙の競争性にかかわらず、確実に勝利を収めるためにいかなる労も惜しまない。

要するに、権威主義体制においてみられるさまざまな政治制度は民主主義においてみられるものと非常に似ている。こういった擬似的な民主制度を一切もたない権威主義体制も存在するが、ほとんどはそのうちのひとつ、そして多くはそのすべてを備えているのである。

現在の権威主義体制は過去のものと、どのように／なぜ違うのか?

こんにちの権威主義体制は、冷戦時代にみられた前例と比べると、民主的統治に擬態しようとする点で異なっている。たとえば、権威主義体制によくある民主主義に見せかけた政治制度は、冷戦の終結後により多く導入されている。冷戦時代、権威主義体制の八九％がその統治のどこかで体制支持政党を使って支配し、八〇％は二つ以上の政党を許容し、七三％は議会をもち、六六％は最低でも一度は選挙を行なった(7)。一九九〇年以降、権威主義体制の九四％は体制支持政党をともないつつ統治し、八七％が二つ以上の政党を許容し、八七％が議会をもち、七一％が最低でも一度は選挙を行なった。これらの数字が示すのは、非常に多くの権威主義体制が民主主義と類似した政治制度を取り入れていることに加え、その傾向が冷戦終結以降強まっているということでもある。

擬似的な民主制度に頼るだけではなく、現在の権威主義体制は制度以外の手法においても民主主義を真似するようになっている[8]。非政府組織（ＮＧＯ）の活動を許可するが秘密裏に政府の意向を促進するよう要求したり、選挙監視団を展開するもひそかに彼らを買収して選挙結果の正当性を立証してもらおうとしたり、広告代理店を雇って国内外に自国の良いイメージを植えつけようとしたりなどである。

こういった動きはすべて、こんにちの権威主義体制が、民主主義的支配を装うことで権威主義であると断定されることを回避しようとする努力の表われでもある。こんにちの権威主義体制にとって、民主的政府を装うことで、外国からの支援を惹きつけやすくしたり、その支配に対する批判を逸らしやすくするといったさまざまなメリットがある。

権威主義体制は冷戦期にそのような幻影をみせる理由がほとんどなかった。支配を長引かせるうえで擬似的な民主制度は役立ったが（その理由は第7章で議論する）、国際コミュニティで気に入られるために必要不可欠というものではなかった。しかし冷戦の終結以降、鍵となる国際的アクターや国内の多くの人びとの目からみて民主主義が唯一の好ましい統治形態となった[9]。そこで権威主義体制は、その本性を民主主義の外見で隠すようになったのである。

これらの理由により、現代の権威主義体制が民主主義を装うあり方は、数十年前とは随分変わってきている。

権威主義体制を区別することがなぜ重要なのか？

権威主義体制はさまざまな面において多様であり、その差異はその行動と体系的に結びついている。したがって、独裁のあり方を区別することで、権威主義体制下で政治がどのように機能するかの重要な区別を明らかにすることができ、それは結果として、その政治的帰結の差をも明らかにすることにつながる。政治的帰結というのは、権威主義体制がどの程度抑圧に頼るのか、内戦にいたる傾向はどの程度か、経済制裁に対してどの程度脆弱なのか、ある時点でその体制が崩壊するリスクはどの程度か、そしてどの程度民主化しやすいのか、といったことを含む[10]。

こうした理由により、学者らは権威主義体制を区別するさまざまな方法を提案してきた。これらの類型論は、「権威主義」という一つのカテゴリーを複数のサブカテゴリーに分けることで、そこにある行動の差異に着目しようとする。ほとんどの類型論は量的なものと質的なものという二つの種類に分かれる[11]。学者によって国家横断的に計測可能な概念が重視されるため、権威主義の類型論は権威主義体制の「タイプ」が重要な政治的帰結にどの程度の影響を与えるのか実証的に評価可能となる。

量的な類型論とは何か？

量的な類型論では、権威主義体制をどの程度「権威主義的か」という観点から区別する。このアプローチでは、権威主義は連続的な概念の上に置くことができ、権威主義支配度のグラデーションがあることになる。量的な類型論では、片方に完全な民主主義、もう片方に完全な権威主義を想定する、民主主義－権威主義のスケール上にそれぞれの権威主義体制を位置づけ、両者が混合したシステムはそのあいだのどこかに位置づけられることになる。

それゆえ量的な類型論は、権威主義体制であってもその支配システムのなかには民主的側面が含まれることを表面化させる。そのような体制としては、リーダーを選ぶ選挙は行なわれるが、野党が不利であるとか、選挙は競争的だが真に公正ではないとか、メディアが極端に現職びいきであるとか、現職の勝利が確実な選挙制度になっているといった例が含まれるだろう。学者たちはこういった民主主義－権威主義の次元の中間にある権威主義体制のタイプに、「ハイブリッド」、「グレーゾーン」[12]、「競争的権威主義」[13]、「選挙権威主義」[14]といったさまざまなラベルをつけてきた。用いられるラベルに関わらず、ここでは、より抑圧的な政治環境にある独裁と比べてそこまで権威主義ではない体制というものが念頭に置かれている。

権威主義の「レベル」を計測するさまざまな量的な類型論があり、広く利用されるポリティ・データセットや[15]、フリーダム・ハウスの政治的権利と市民的自由の指標がある[16]。これらのデータセットを用いることで、われわれはさまざまな国々での興味深い展開を把握することができる。たとえば、ベネズエラのウーゴ・チャベスによるクーデタの失敗（一九九二年）とそれ以降の緩やかな民主主義の悪化といったものである。ベネズエラは二〇〇五年までは民主主義的であったが、それ以降は権威主義となった。こういったデータセットを使うことで、ヴィクトル・オルバーンとフィデス＝ハンガリー市民同盟が政権に就いたハンガリーで二〇一〇年以降一貫して民主主義が後退していることや、二〇一〇年に軍が権力から退いたミャンマーが民主主義的になっていることを測ることができる。ほとんどの人は、依然としてハンガリーは民主主義的でミャンマーは権威主義的だとみなしているが、両国は明らかに民主主義－権威主義のスペクトル上で反対側に向かっているさなかである。

「ハイブリッド」体制とは何か？

前節で論じたように、完全に民主主義的でもなければ完全に権威主義的でもない体制を持つ国々が多く存在する。こういった体制はしばしば「ハイブリッド」体制と呼ばれる。「ハイブリッド」体制は、民主主義－権威主義のスペクトル上の「グレーゾーン」に位置し、民主主義と権威主義の双方の特徴を持っている。[17] 理論的には、「ハイブリッド」体制という概念は、権威主義体制を連続的な概念のどこかに置くことができるという視点に由来する。

「選挙権威主義」や「競争的権威主義」という用語は、ハイブリッド体制のなかでも権威主義の側に属するものとして用いられ、「欠陥民主主義」とか「不完全民主主義」という用語は、ハイブリッド体制のなかでも民主主義の側に属するものとして用いられる。ハイブリッド体制が民主主義に寄っているか権威主義に寄っているかは、たいてい「選挙の自由度や公正さ、包摂性や実質的な意味によって決定的に」[18] 決まる。

質的な類型論とは何か?

質的な類型論は権威主義体制を、その支配の特徴に応じて分類する。このアプローチでは、権威主義の「レベル」は各権威主義体制で同一とされるが、その代わりにリーダーの用いる権力維持戦略の違いや、リーダーやエリートを輩出する集団の違いといった、異なる次元で区別されることとなる。

質的な分類論は、どの程度民主主義の真似をするかという点ではなく、さまざまな異なる領域において、権威主義体制の多様性を示す。リーダーが権威主義体制の維持に用いる戦略に応じて分類する者もいるが[19]、多くは権威主義体制の構成や、たとえばリーダーが軍人出身か文民組織出身かといった点で区別する。

質的な類型論にもとづいて権威主義体制を区別するさまざまなデータセットがあり、バーバラ・ゲデス、ジョセフ・ライト、エリカ・フランツによるもの(政党、軍部、君主、個人による分類)、マイケル・ワフマン、ヤン・テオレル、アクセル・ハデニウスによるもの(複数政党、単一政党、軍部、君主、無政党による分類)、ホセ・A・シェイバブ、ジェニファー・ガンディー、ジェームズ・R・ヴリーランドによるもの(リーダーが軍人か文民か君主かによる分類)がある[20]。

どの類型論が「ベスト」か?

権威主義体制を区別する類型論が発達し、独裁の比較研究が容易となり、支配のあり方の違いがもたらす結果についても理解が深まってきた[21]。権威主義体制を画一的とみなさないことによる、権威主義政治研究の著しい発展の成果である。とはいえ、ほかのすべてに優越する何かひとつの素晴らしい類型論があるわけではない。量的な類型論も質的なそれも、各々が持つサブカテゴリーと同じく、それぞれの強みと弱みがある。

たとえば、量的な類型論は、ある権威主義体制をほかの権威主義体制と比べて「そこまで権威主義的ではない」という評価を可能にする。これは中間的な権威主義体制が完全な権威主義体制に比べてさまざまな面、とくにその国の市民が享受できる政治的権利の点で異なっている、ということを判別できるメリットがある。同時に、量的な類型論では、ある権威主義体制がその極限から離れるにつれ、それは民主主義に向かっているのだろうと推測することになる。だが、これは必ずしも正しくない（この点は第8章で強調される）。権威主義の「レベル」の指標は、民主化の見込みを予測するものとしては必ずしも適切ではない。

対照的に、質的な類型論はすべての権威主義体制を同じ程度に権威主義的とみなすので、権威主義が直線的な概念だとする疑わしい想定を避けることができる。その代わり、権威主義体制をその支配のあり方の特徴に応じて区別することで、体制維持や民主化といった重要な政治的帰結に対しそれらの特徴が与える影響を深く理解することができる。そもそも近年の権威主義体制が多かれ少なかれ民主主義的な側面を持つようになってきたため、量的な区別が妥当性を失いつつあることも付け加えておこう。質的な類型論の不利な点としては、たとえば権威主義体制下での長きにわたる政治的自由化のような、民主主義に向かったり離れたりする動きを測ることができない点である。

権威主義政治の分野では、どの類型論がもっとも権威主義支配のニュアンスをつかむのに適しているのか、激しく議論されてきた[22]。その対話を通じて明らかになった第一のメッセージは、「ベストな」類型論というのは、明らかにしたい問いに依存するということである。観察し分析しようとする者は、自らが重視する理論的概念が、どの類型論でうまく捉えられるのか十分に気をつけなければならない。

本章で重視する類型論は何か、そしてなぜか?

本書では概して、権威主義アクターの相互作用が政治にどのように影響するのかについて論じる。そのため本章では権威主義体制をその制度的構造にもとづいて区別する。その構造が権威主義アクターの相互作用を規定するからである。そこで、本書が依拠する類型論は、権威主義体制のリーダーを制約する制度のタイプにもとづいた区別となる。リーダーを規律するのが、軍部なのか(軍事独裁)、一つの政党なのか(支配政党独裁)、支配者一族なのか(君主独裁)、何もないのか(個人独裁)、によって区別する[23]。(なおこれは一般的な類型であり、一九七九年以降のイラン神権政治のように複数タイプの混合もある。)この類型論は、権威主義政治研究でのさまざまな問いに対して必ずしも適切でないこともあるが、本章で論じるテーマに対しては適切である。この権威主義体制のタイプは本章以降の議論でも適宜利用される。

なお、歴史的に君主独裁の国は少なく、執筆段階でも七例しか存在しないため、それに関する有意義な推論は困難である。そのため以下の議論は、それを除く三つの権威主義体制のタイプについて論ずる。

軍事独裁とは何か？

軍事独裁とは制度としての軍部が支配権を有する権威主義支配である。[24] 軍将校が権力を握り、誰がリーダーとなるか選び、政策選択を行なう。これらの構成員はしばしば集合的に軍評議会と呼ばれ、たいていは（下級ではなく）上級将校からなる。軍事独裁では、実質的リーダーが軍人であるように、エリート層も多くは軍人となる。この体制はときおり「傀儡」を指導層につけることで文民支配であると口にするが、こういった傀儡は実際にはほとんど権力を持たない。一九八二年から一九八九年までのパナマがこの好例で、マヌエル・ノリエガ将軍が事実上の体制リーダーであったが、公式には文民たちが代わるがわる大統領を務めた。

軍事独裁の構造はたいていその軍隊のそれを反映することになる。軍の構造を政治の現場に移植することになるためである。典型的には、明確な上下関係と指揮系統を持ち、ときには権力交代のルールもある。[25] 軍事独裁においてはエリートたちが十分な力を持っており、リーダー個人の行動を抑え込める点が決定的である。

第二次世界大戦以降、軍事独裁はとくにラテンアメリカ地域で顕著にみられ、その国々の多数がどこかの時点で軍事独裁を経験している。ある学者が一九九九年に論じたように、「開発途上国において、ラテンアメリカほど軍の影響力が深刻な地域は存在しない。軍による政治的介入や支配は日常茶飯事であって、残念な例外などではない」。[26] その理由のひとつには冷戦期の地政学がある。この地域はアメリカ合衆国に近く、同国はラテンアメリカの反共産主義的な軍部を熱心に支援し、ときには一九七三年のチリのように、民主的に選ばれた政権へのクーデタさえ手助けした。軍事独裁はサハラ以南のアフリカでも一般的であるが、ラテンアメリカほどではない。

軍事独裁の例には、ブラジル（一九六四〜一九八五年）、ガーナ（一九七二〜一九七九年）、トルコ（一九八〇〜一九八三年）が含まれる。

リーダーが軍服を着ていれば、それは軍事独裁を意味するのか？

多くの権威主義リーダーは軍服を着ている。しかしこのことは、その体制が本章でいう軍事独裁であるか否かについて何も説明しない[27]。先述した軍事独裁の定義は、単に一人の軍人ではなく、軍部が制度的に統治することを重視している。すなわち、軍部のほかのメンバーがリーダーの選択に影響力を及ぼせることも意味する。

たとえば、ウガンダのイディ・アミンやリビアのムアンマル・カダフィは、軍服を着ていたが、その体制はどちらも軍事独裁ではなかった。どちらの支配においても、権力はリーダー個人の手中にあり、ほかの政治アクターはリーダーに異を唱えることはできず、古典的な個人支配といえる。対照的に、ブラジルの軍事独裁では、将軍たちは大統領として一期ごとに交代し、アルゼンチンで直近の軍事独裁（一九七六〜一九八三年）では、軍評議会は大統領職をメンバー間での輪番制にしていた。どちらの体制でも、軍エリートたちが権力の要職にあり、リーダーを抑え込めるだけの強さを持っていた。

軍事独裁では軍服を着た者が指導的な立場にあると推測することは許されるが、その逆は真ではない。

現役もしくは引退した軍人が軍事独裁を率いることもあるが、多くの場合はそうではないのである。

支配政党独裁とは何か？

支配政党独裁（dominant-party dictatorship）とは、一つの政党が、リーダー選出と政策選択を支配している権威主義体制のことである。[28] 党員が政府要職の過半を占め、たいていの体制エリートたちは、政治局や中央委員会と呼ばれる党執行部の出身である。体制のリーダーは通常、党のリーダーでもある。支配政党独裁においては、ある一つの政党が支配権を掌握しているが、ほかの政党が合法的に存在を許されていることもあり、選挙競合したり、ときに勝利することも許されている。しかし、ほかの政党が議会でいくらかの議席を占めたとしても、真の政治権力は支配政党の手にある。顕著な例がシンガポールであり、二〇一五年議会選挙では八九議席中八五議席が人民行動党に与えられ、六議席を（野党）労働者党が得た。野党は議会に代表を持つが、権力は与党のものである。

冷戦時代に多くみられた共産党一党独裁を例外として、多くの支配政党独裁の構造は民主主義のそれと非常によく似ている。多くは大統領制か議院内閣制をとっており、権威主義体制が大統領制をとっていれば大統領制民主主義によく類似し、議院内閣制であっても同様である。重要なのは、支配政党独裁においては、党エリートが強力なアクターとしてリーダーの行動に影響を与える能力があるという点である。

第二次世界大戦以降、支配政党独裁はとくに東欧、アフリカの一部、そしてアジアで顕著にみられるようになった。その理由は二つの要因で説明できる。ひとつは冷戦期の地政学であり、ソ連の影響圏に組み入れられた国々は、権威主義支配の手段として支配政党独裁を用いた。これは多くの東欧の国々に当てはまるが、アジアにおける支配政党による統治にもいえることである。アフリカの場合、ソ連が支配政党独裁を下支えしたケースもあるが、多くは第二次世界大戦終結後の数十年間にこの地を覆った独立運動の残滓として支配政党独裁が敷かれた。ナミビア、ケニア、ボツワナといった国々では、独立運動を率いた政党が、独立達成後そのまま権力の座に就いた。

支配政党独裁の例には、アンゴラ（一九七五年～）、メキシコ（一九一五～二〇〇〇年）、コートジボワール（一九六〇～一九九九年）が含まれる。

体制支持政党の存在は、支配政党独裁を意味するのか？

多くの権威主義体制は政党の支援を通じて統治する。実際に、第二次世界大戦以降存在した権威主義体制の九一％は、何かしらの政党とともにあった。しかし、これらのうちの過半数において、こういった体制支持政党は実際の政治的影響力を持っておらず、その体制は支配政党独裁ではなかった（体制支持政党の目的については第7章で後述する）。

一例として、一九七九年から二〇〇三年までイラクを支配したサッダーム・フセインとバース党との協力について考えよう。党エリートたちはフセインの行動を抑えることができず、単に彼の意思を実行するだけの存在だった。オマール・トリホス将軍とその軍は、パナマを一九六八年から一九八二年まで同様に支配した。体制は当初、政党の存在を禁止していたが、一九七八年に合法化した後は、革命民主党（ＰＲＤ）を創設し支持者を組織化した。けれども、革命民主党はトリホスの行動を抑制することはおろか、その政策形成を手助けするだけの政治的影響力しか持っていなかった。

ほとんどすべての権威主義体制が体制支持政党とともに統治を行なうからといって、そのような政党の存在を支配政党による統治の指標としてみるべきではない。支配政党独裁であると分類するためには、党エリートたちの実質的な権力に関する多大な知見が必要である。ひとついえることとして、権威主義体制の権力掌握以前から政党組織が存在している場合、党エリートの権限が強い傾向にある[29]。

個人独裁とは何か？

個人独裁は権威主義支配の古典的ステレオタイプに沿うものである。個人独裁においては、権力は特定のリーダーの手中にある[30]。リーダーが政府要職へのアクセスを支配し、ほとんどの重要な政策決定を行なう。リーダーは軍服を着ていたり政党の支持を受けていたりすることもあるが、そのどちらの組織もリーダー個人から独立した力を行使できない。個人独裁におけるエリート層は、リーダーの家族もしくは忠誠者によって占められる。

もちろん、すべての権威主義体制において、リーダーはことのほか強い政治的影響力を振るうことができる。しかし個人独裁においてはそれがさらに極端に偏っており、そこでは自律的な政治制度というものは存在しない。リーダーはエリート層を抑え込み、強力な派閥が形成されないようにすることができる。ある観察者がコンゴ民主共和国（旧ザイール）のモブツ・セセ・セコ政権を評したように、「ザイールの常識では、モブツとその家族を除くと、この国には八〇人しかいない。二〇人は大臣で、二〇人は追放者で、二〇人は囚人で、二〇人は外交官である。そして三カ月ごとに、モブツが音楽を流し、この八〇人による椅子取りゲームが行なわれるのである」[31]。

個人独裁の構造は背景事情によってかなり異なるし、リーダーの選好にも大きく依存する。個人独裁のリーダーは、その治世の間に体制の構造を変えてしまうことすらある。

第二次世界大戦終結以降、個人独裁は開発途上国に散在し、ときにはフランシスコ・フランコのスペインや、アントニオ・オリヴェイラ・サラザールのポルトガルのように、先進国でもみられた。サハラ以南のアフリカが多くを占めるが、開発途上地域で個人独裁の登場から逃れられた地域はない。その理由はこの地域が、脆弱な制度に結びついた低い経済発展によって、世界でもっとも貧しいという事実によるのかもしれない[32]。このような背景が個人支配の登場を助長したのであろう。ただ、脆弱な制度が個人独裁を生むのか、個人独裁が脆弱な制度を生むのか解きほぐすのは難しい。いずれにせよ、個人独裁は経済発展度が低いところにおいて一般的となる傾向がある。しかし近年はトルコ、ロシア、ベネズエラといった新興国でも個人独裁が登場しており、状況は変わりつつある。

個人独裁の例には、ヘイスティングス・バンダ支配のマラウイ（一九六四〜一九九四年）、フェルディナンド・マルコス支配のフィリピン（一九七二〜一九八六年）、デュヴァリエ支配のハイチ（一九五七〜一九八六年）がある。

権威主義体制のタイプの違いは、リーダーの権力喪失への恐怖にどのように影響するのか？

第４章でみたように、権威主義リーダーが抱く引退後の予想は在任中の行動に多大な影響を及ぼすことが明らかにされている。ほとんどの場合、不幸な運命への恐怖心から、対立の開始や、抑圧の強化や、権力への異常な固執といった振る舞いが引き起こされる。

権威主義体制は、リーダーの引退後に彼らに何が起こるかという点で、タイプごとにかなり明確な違いが存在する[33]。とくに、個人独裁においては、ほとんどのリーダーは権力から退出したのちに不幸な運命に直面している。六九％の個人独裁リーダーは、罷免後に国外追放されるか収監されるか殺害される。この数値は、ほかの権威主義体制のタイプでは目に見えて低い。軍事独裁と君主独裁においては約半数が、支配政党独裁においてはたった三分の一（三七％）のリーダーだけが、権力から退出したのちに国外追放や収監や死に直面する。

軍事独裁を例外として、これらの数値はリーダーの打倒が体制そのものの瓦解を引き起こした場合、より悪化する。ある体制の崩壊は、そのリーダーの敵が支配権を握ったことを意味し、またその持続は、リーダーの盟友が権力を引き継いだことを意味する。後者よりも前者のほうが元リーダーは罰されやすいであろうし、データもそれを裏づけている[34]。この理由により、体制崩壊時により多く不運がみられる。

この証拠は、なぜ個人独裁が不本意な政治的帰結（詳しくは後述する）と結びつきやすいのかのひとつの理由を示唆している。それは個人独裁のリーダーは、権力の座から離れたときにもっとも不幸な目にあいやすいからである。

権威主義体制のタイプは、政治的帰結にいかなる影響を与えるのか？

研究によると、権威主義体制のタイプにより政策選好や行動はそれぞれ異なる。その多くは、個人独裁とそれ以外の権威主義体制のあいだにみられ（第4章でも論じた）、多くは個人独裁下でみられるチェック・アンド・バランスの欠如に由来する。支配エリートが軍出身か政党出身かの違いにも同じことがいえる場合がある。

第一に、個人独裁はその他の独裁と比べて、外交政策に大きな違いがあることが明らかになっている。ほかの権威主義体制と比べて、個人独裁は他国との紛争をはじめやすい[35]。個人独裁は、万が一敗北した際の国内からの反発の恐れなしに国家間紛争を仕掛けることができるので、権威主義体制のなかではもっとも好戦的である。いいかえると、アカウンタビリティの欠如ゆえに、よりリスクのある行動がとられやすい。これに関連して、民主主義国どうしがめったに戦争しないという民主的平和論はよく知られているが、民主主義国は独裁国とは争いになりやすく、その場合の相手はほとんどが個人独裁の国である[36]。個人独裁は国内での抑制がないため、ほかの権威主義体制に比べて核兵器開発に投資しやすく、金《キム》一族の北朝鮮やカダフィ時代のリビアがこの例である[37]。またそれにより、国際協調的な行動もとられない傾向がある[38]。個人独裁はあらゆる独裁のなかでもっとも国際合意に署名しないが、これはリーダー一人で恣意的に政策を変えられることによる。この強い権力集中により、個人独裁は経済制裁に直面したときにもっとも崩壊しやすい体制でもある[39]。個人独裁のリーダーは、外国からの収入に頼ることで自身のパトロネージ・ネットワークを形成する傾向が強く、それゆえ、制裁対象になった場合に脆弱となりやすい。さらに、個人独裁のリーダーは周囲をご機嫌取りに囲まれ、それらは罷免を避けるため、リーダーに正確な情報を伝えないことが多い。それゆえ個人独裁は、単に戦争をはじめやすいだけではなく、それに負けやすくもある[40]。個人独裁のリーダーは意図的に自身の周りを「イエスマン」で固めるため、結果として部下から不正確な情報を受け取りやすく、外交政策で誤りを犯しがちでもある[41]。

第二に、個人独裁はほかの権威主義体制と比べて、明らかに国内政策でも異なる選択をしやすい。個人独裁がほかの体制に比べ、政策上不安定であるという研究結果は驚くべきことでもない。ほかの誰も選択に影響を及ぼせないなか、個人独裁のリーダーだけは気まぐれで政策を変えることができる[42]。ある証拠では、ほかの権威主義体制に比べて個人独裁では一年間でのインフレ率の変化が激しいという。これは外生的な価格変動に対してより性急に反応することができるからである。くわえて、個人独裁はすべての権威主義体制のなかで、もっとも対外援助を無駄遣いしやすい。個人独裁は援助を、(その意図された目的である) 政治的自由化に用いるのではなく、権力を延命させる手段として狭い身内の支持者に直接分配する[43]。対照的に、ほかの独裁においては、リーダーはより広範な支持基盤に依拠しており、結果として民主化後も役職に就く見込みがある。そのため、それらの体制において対外援助は想定どおり政治的自由化のために用いられやすい。それと関連して、コントロールが効かない個人独裁は、ほかの権威主義体制に比べ、経済成長と投資が低調になる傾向を示す証拠もある[44]。またほかの証拠では、個人独裁はもっとも汚職を生みやすいという[45]。それは、個人独裁下では権力乱用が罰されることがほぼなく、むしろ小さな支持者ネットワークに対する褒章として汚職が用いられることが多いからである。

第三に、個人独裁はほかの独裁と比べて、統治上の危機に際してももっとも体制崩壊しづらい傾向がある。たとえば、経済危機に直面した際に体制転覆しづらい。経済パフォーマンスの悪さに市民が苦しんでいても、その体制を支えている小さな集団はそうではないからである[46]。個人独裁がその支配を不安定化させうる問題に直面するには、本格的な経済的大惨事が必要となることが多い。同様の理由で、ほかの独裁に比べて個人独裁は大衆抗議運動に対してももっとも耐性がある[47]。

多くの重要な政治的帰結の違いが、権威主義体制が個人独裁か否かにもとづいている。だがそれ以外にも、政党が体制を支配しているか否かも重要な政治的帰結の違いをもたらす。たとえば、支配政党独裁はほかの独裁と比べても抑圧的にならないという証拠がある[48]。支配政党独裁の政府は、その政治プロセスにおいて相当規模の人びとを取り込んでおり、人びとに影響を与える手段として抑圧を用いることが少なく、代わりに制度的チャンネルを通じた統制を行なうからである。それと似た理由で、支配政党独裁はほかの権威主義体制と比べ、もっとも内戦を経験しづらい。広範な支持者を政治に取り込む傾向があるので、憎悪がエスカレートするのを防ぐのにより長けているからである[49]。

リーダーの生存、体制の存続、民主化といった現象に、体制が軍事独裁か否かといったことが大きな違いをもたらしている点は重要である。軍事独裁のリーダーの在職期間はほかの支配者よりはるかに短く、平均して約四年で、ほかの独裁者らは平均して九年である[50]。この在職期間の違いは、軍事独裁のエリートが武力を有し直接それを用いることができるということに大きく由来する[51]。もしエリートらがリーダーの追放を望む場合、軍事独裁ではかなり容易だが、ほかの独裁体制ではそういうリソースをエリートは持っていない。

軍事独裁ではリーダーがきわめて容易に権力を失うが、体制についても同様である。軍事独裁はすべての権威主義体制のなかでもっとも短命で、反対に支配政党独裁がもっとも長命である。軍事独裁はその崩壊時にもっとも民主化しやすいが、個人独裁はその反対である。この違いの背景については第8章で詳しく説明する。

要するに、同じ権威主義体制であっても、区別してみるとそこには政治的帰結に非常に重要な差がある。その違いの多くは、独裁が個人型か否かによるものだが、支配政党型か否か、軍事型か否かによるものも一定数ある。ここで示された数々の証拠によれば、複数の権威主義体制を同じカテゴリーに一括するのは、その行動における重要な差異を見失わせるリスクがあると要約できるだろう。ただしこれは、あくまで本章で用いた類型論から明らかになる差異であって、ほかの類型論を用いればほかの事実が明らかになるであろうが。

現在どの権威主義体制のタイプがもっとも一般的なのか?

図5－1は、体制の類型ごとに、一九四六年から二〇一〇年までの権威主義体制の数を示したものである。[52] ここからいくつか興味深い傾向がわかる。一つ目は君主独裁に関するもので、過去から現在まで一貫してその数は少ない。二〇一〇年段階では、ほぼすべてが中東にあり、オマーン、サウジアラビア、アラブ首長国連邦などである。顕著な例外はスワジランドの君主独裁である。

第二に、軍事独裁は冷戦の激化にともなってその数を増やし、それ以降着実に減少している。多くの場合、冷戦期の軍事独裁が増加している背景は、アメリカとソ連が戦略的利害からの軍事独裁国を支援

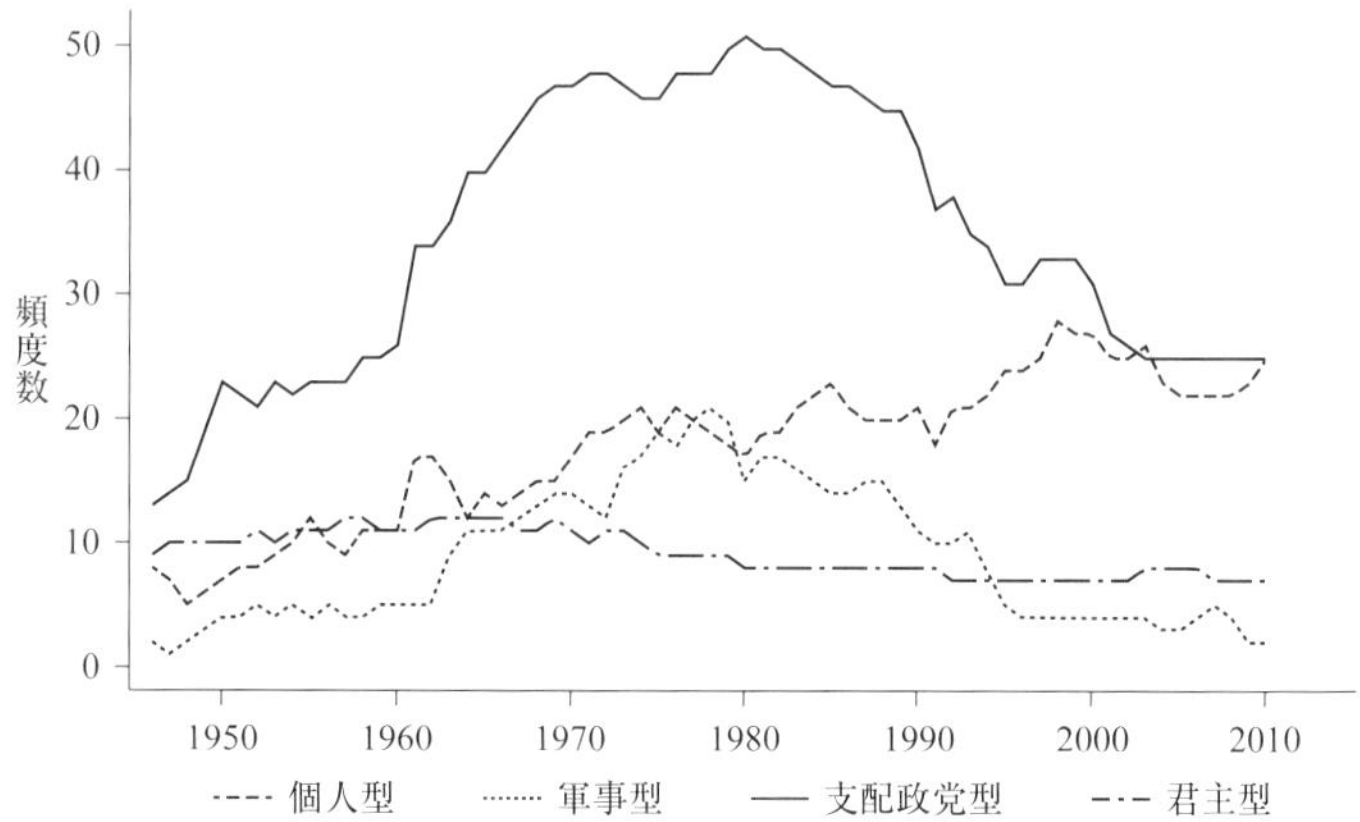

図５－１　タイプ別の権威主義体制の数（1946–2010年）

したからである。その後の軍事独裁の減少もそれと関連しており、両国が冷戦の終結とともにそれらへの財政支援をやめたことによる。二〇一〇年時点で、世界の権威主義体制のうち軍事独裁はひと握りで、ミャンマーの軍政などが含まれていたが、それも本書執筆時点では権力からの退出について交渉プロセスにあるようだ[53]。

第三に、この期間を通じて、支配政党独裁がもっとも一般的な権威主義体制であった。軍事独裁と同様、冷戦の進展にあわせてその数が増減した。これは冷戦期に支配政党独裁を支えた共産主義支配の拡散と終焉に大きく影響されている。二〇一〇年段階では、ラオス、中国、キューバ、ヴェトナムなど、いくつかの国が共産党による支配政党独裁体制を維持している。世界的に共産主義が衰退したとはいえ、ほかの権威主義体制に比べて多くの支配政党独裁が権力の座にある。その例としては、エチオピア、シンガポール、アンゴラ、タンザニアなどの支配政党独裁体制が含まれる。

第四に、全期間を通じて個人独裁の数が順調に増加している。二〇〇〇年から二〇一〇年にかけては、その数は支配政党独裁と同程度に存在している。このまま個人独裁の増加が続けば、いずれそれはもっとも一般的な権威主義体制となるだろう。現代の個人独裁の例としては、アレクサンドル・ルカシェンコのベラルーシ、ヨウェリ・ムセヴェニのウガンダ、イドリス・デビのチャド、イルハム・アリエフのアゼルバイジャンなどがあげられる。

なぜ個人独裁がもっとも多い権威主義支配のかたちになっているのか評価するのは難しい。冷戦の終結が、いくらか支配政党独裁の、そして多くの軍事独裁の数を減らしたことは説明できる。冷戦期のイデオロギー色の強い体制（左の共産党と右の軍評議会）が、多くの政策で失敗し信用を失ったことが、その後、とくに個人支配と相性が良い脱イデオロギー的な権威主義に新たな道を開いたのかもしれない。(54) あるいは、冷戦終結後の流行である、民主主義の模倣を強調するには個人独裁が整合的だという可能性もあるだろう。

その「理由」はさておき、個人独裁増加の兆候はどうみても明らかである。系統的なデータは二〇一〇年までしか存在しないが、それ以降も多くの権威主義体制が個人独裁型として現われている。例としては、ハーミド・カルザイのアフガニスタン（二〇一〇～二〇一四年）、ヴィクトル・ヤヌコヴィチのウクライナ（二〇一二～二〇一四年）、マヒンダ・ラージャパクサのスリランカ（二〇一〇～二〇一五年）などがあり、執筆時点で権力の座にある例としては、二〇一〇年の総選挙後に権力を集中させたピエール・ンクルンジザのブルンジ、サルヴァ・キール・マヤルディによる二〇一一年独立以降の南スーダン、二〇一六年のクーデタ未遂後の野党の取り締まりで権力集中を進めたレジェップ・タイイップ・エルドアンのトルコである。二〇一〇年以降に登場した新しい独裁のすべてが絶対的指導者による支配という類型に当てはまるわけではなく、タイの軍事独裁（二〇一四年に権力掌握し執筆時点ではまだ権力の座にある）、マリの軍事独裁（二〇一二～二〇一四年）などの例もある。だが、新しい独裁国の相当数が個人独裁型であるようにみえる。（個人主義度の指標や、ワンマン支配に向かうプロセス、そしてその帰結については第４章の議論を参照。）

また、独裁への移行の瀬戸際にある世界の民主主義国は、絶対的指導者型のリーダーに特徴づけられている。ニカラグアのダニエル・オルテガ、フィリピンのロドリゴ・ドゥテルテ、ハンガリーのヴィクトル・オルバーンなどである。[55] 個人独裁の増加がこの先何年も続くのかは定かではないが、その方向に向かう兆候は存在している。

第6章　権威主義体制の権力獲得のしかた

権威主義体制はいかに権力を獲得するのか?

一九四六年から二〇一〇年にかけて、二五〇の新しい権威主義体制が権力の座に就いた。その約半分の事例（四六％）では先行する権威主義体制に取って代わり、また四分の一強の事例（二九％）が民主主義体制を打倒し、残りの事例では独立を機に成立した。

これまでの研究では、権威主義体制の権力獲得には七つの方法が一般的であることが明らかにされている。つまり、王族による世襲、クーデタ、反乱、民衆蜂起、権威主義化（たとえば現職者による権力奪取）、支配集団の構成ルールの変更、もしくは大国による押しつけである。[1]

第二次世界大戦後、クーデタは独裁者志望の人びとが支配権を握るもっとも一般的な方法であった。クーデタはすべての権威主義の権力獲得例の四六％を占めている。クーデタの例としては、一九六四年にブラジルの軍事独裁が権力を掌握したクーデタ、また一九六六年、最終的にスハルトが権力の座に就いたインドネシアのクーデタなどがあげられる。ブラジルのクーデタは民主主義体制を、一方、インドネシアのクーデタは権威主義体制を打倒してのものであった。

権威主義化は、権威主義体制の権力掌握において二番目に一般的な方法であり、すべての権力獲得例の一八%を占めている。権威主義化とは、リーダー集団が民主的な選挙を通じて権力を握ったものの、その立場を利用して反対派を不利な状況に追いやり、支配権を強化するものである。たとえばつぎの事例などがある。ケニアでは、独立直前の一九六三年に普通選挙で勝利したケニア・アフリカ民族同盟が、その後事実上の一党支配を敷いた。ザンビアでは一九九六年に現職のフレデリック・チルバ大統領が、対抗馬（ケネス・カウンダ）が大統領選に立候補するのを阻止する憲法改正に署名した。そしてベネズエラでは二〇〇五年、政府が反対派を脅迫し、不利な立場に追いやる選挙戦を長々と展開したすえ、野党が選挙をボイコットし、ウーゴ・チャベス大統領の支持者が議会の全議席を獲得した(2)。

反乱と大国による押しつけはその次によくみられる方法で、それぞれ一三%と一二%である。反乱は武装集団が国軍との武力衝突で勝利し、権威主義の政府を打ち立てるものである。この点で反乱は民衆蜂起と異なり、多くの場合後者は、非暴力の大衆デモのことである。反乱による権力獲得例には、一九七五年のポルトガルに対する独立闘争を展開したアンゴラ解放人民運動の勝利、一九九四年のポール・カガメ率いるルワンダ愛国戦線によるルワンダ政府軍・フツ族民兵に対する勝利などがある。大国による押しつけとは、典型的に、外国勢力が占領後の時期に権威主義体制を敷くものである。例として、一九四九年の東ドイツの建国（ソ連が行政権を新生ドイツ民主共和国に委譲した）、そしてアメリカ占領後の一九六六年にドミニカ共和国で成立したバラゲール体制などがあげられる。

残りの権威主義体制による権力獲得の方法として、民衆蜂起、支配集団の構成ルールの変更、そして王族による世襲がある（それぞれ五％、四％、二％）。民衆蜂起による体制転換は突発的な出来事である。例として、イスラーム統治を取り入れたイラン革命、ロベルト・コチャリャンが権力を掌握したアルメニアでの一九九八年の大衆抗議運動などがあげられる。支配集団の構成ルールの変更はそれほど明白に進むものではない。これは権威主義の現職者が、支配集団がもはや同じではないといったように、（ときに非公式に）行動指針を変更したときに生じる。たとえば、サッダーム・フセインが公式に支配権を握った一九七九年のイラクでは、バース党からエリートを輩出する体制から、主にサッダームの個人ネットワークから輩出する体制への移行が生じた。最後に、王族の世襲は、ある国が独立したのち、支配的な家系が正式に統治権を得る際に生じる。例として、一九六一年にクウェートで成立した体制があげられる。サバーハ家はイギリスの保護下でクウェートを統治してきたが、独立後正式に権力の座に就いた。

権力獲得のタイプは将来にどのような影響を与えるのか？

権威主義体制のなかには、一九七三年から一九八九年のチリのアウグスト・ピノチェト体制のように、クーデタで支配権を奪取したものもあれば、一九九二年から二〇〇〇年のペルーのアルベルト・フジモリ体制のように、権威主義化を通じてより巧妙に成立したものもある。

権威主義体制による権力の獲得のしかたが重要なのは、それが何よりリーダーやエリートを輩出する集団のタイプと関連し、その後の政治動向を左右することが多いからである。

ここでは独裁による権力獲得のもっとも一般的な二つの方法の代表例として、前述したチリとペルーを取り上げる。チリの事例では、軍部が大統領宮殿を襲撃し、そのさなかに当時の大統領であったサルバドール・アジェンデが自害した。このクーデタによってチリでは、ピノチェトと軍評議会が主導する独裁が成立した。この権力獲得劇で軍部の果たした役割が、その後の政治に軍部が関わる道を開くことになる。クーデタが常に軍事独裁を導くというわけではないが、その可能性は高い。一方、ペルーのフジモリは一九九〇年に自由選挙で勝利したものの、一九九二年の「自主クーデタ（autogolpe）」によって議会を閉鎖した。フジモリが確立した権威主義体制は、かつて彼が治めていた民主主義体制とよく似通っていたが、一方は権威主義体制、もう一方は民主主義体制という事実において異なっていた。権威主義化とは、現職者による権力掌握のことを指すため、通常、リーダーの集団内の劇的な変化をともなわない。この事例では、フジモリは単に、大統領権限を個人支配の確立のために使ったにすぎないのである。

ある研究によると、権力獲得のタイプと、その後生じる権威主義の形態のあいだには一定のパターンがみられるという(3)。チリの事例でみたように、軍事独裁はほとんどいつもクーデタを通じて権力の座に就く。支配政党による独裁においては、約三分の一は権威主義化、同じく約三分の一は反乱、そして残り三分の一は大国による押しつけかクーデタによって権力が獲得された。一般的に君主独裁は王族の世襲に由来し、ときとして大国による押しつけによって生まれるという事実も驚くことではないだろう。最後に、個人独裁はそのルーツがきわめて多様である。その四〇％はクーデタで、残り六〇％は権威主義化、大国による押しつけ、反乱などを通じて権力の座に就いた。

以上の数字が示すように、権力獲得のタイプをみることで、その後生じる権威主義の形態について知見を得ることができるのである。

こんにち、権威主義体制の多くはどのように権力を獲得するのか？

冷戦の終結以降、権威主義体制の成立のしかたには重要な変化がほとんどない。図6－1がこれを明示している。図6－1は、第二次世界大戦後から現在までの時期と、そこから冷戦後のみを取り出した時期を並べて、権威主義体制が支配権を得る典型的な方法を示している。いくつか重要な点が指摘できる。第一に、王族による世襲と、支配集団の構成ルールの変更の頻度は減少した。王族による世襲は一度も起こらず、ルール変更に関しては二回のみである。王族による世襲とルール変更の代わりに、民衆蜂起がわずかに増加し、一九九〇年以降のすべての権威主義の権力獲得の八％を占めている。

第二に、ここまでの章で触れたように、冷戦後はクーデタが減少している。クーデタは現在、すべての権威主義的な権力掌握の約三分の一を占める。クーデタは以前よりも少なくなったが、依然としてそれは、新たな独裁が支配権を握るもっとも一般的な方法である。

第三に、権威主義化、反乱、大国による押しつけのどれもが冷戦後に、より一般的な権力獲得の方法となった。権威主義体制が権力を掌握したすべてのなかで、権威主義化が二二％、反乱が二〇％、大国

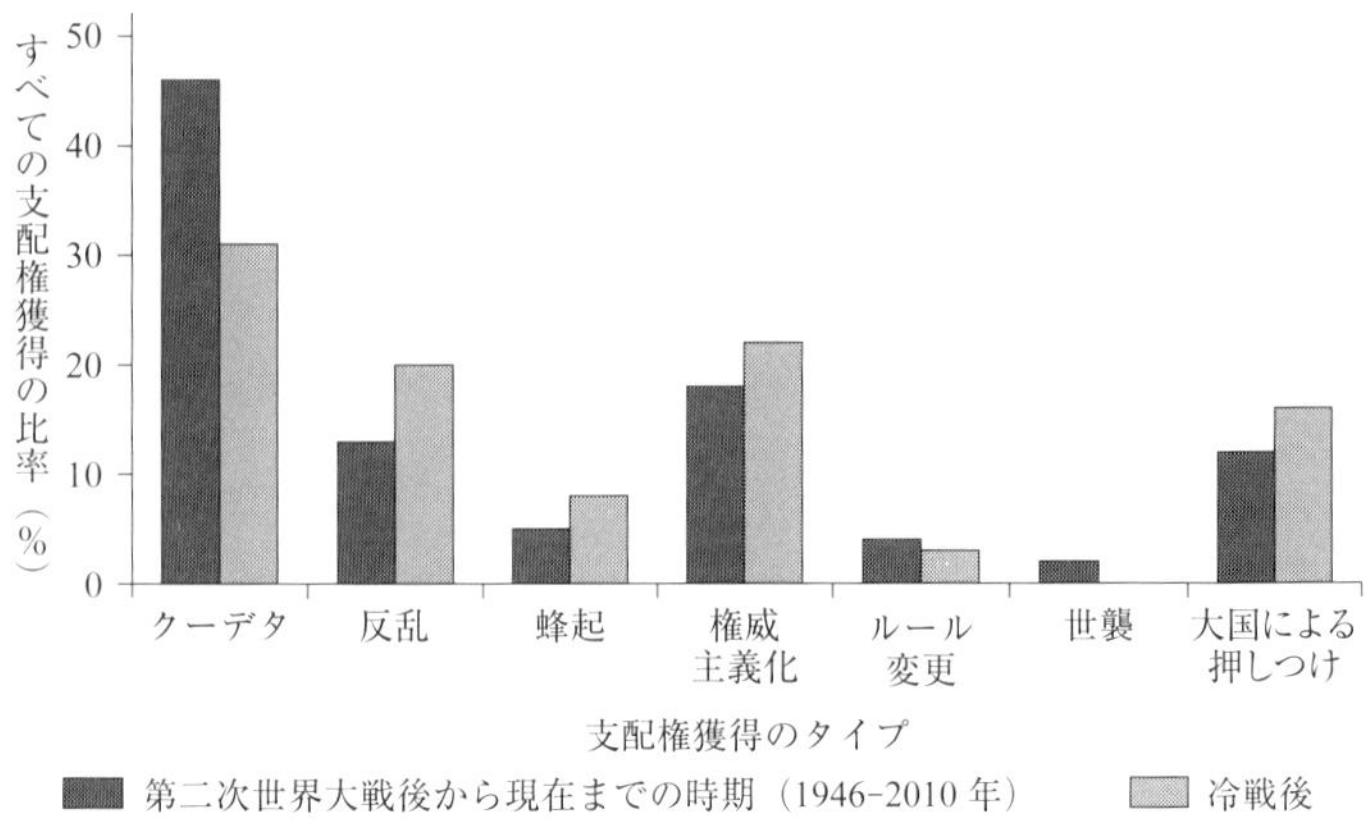

図6-1　権威主義体制の支配権獲得方法

による押しつけが一六%という内訳になっている。

全体をみると、冷戦後では、権威主義体制の権力獲得がもはや特定の方法によってのみなされるわけではなく、その様式は多様である。

権威主義体制を、それ以前の権威主義体制か民主主義体制のどちらを倒して権力を握ったのかによって区分すると、さらに興味深い傾向が浮かび上がる。たとえば、前の独裁を倒した独裁という下位グループでみると、そこでは依然としてクーデタが支配権を得るためのもっとも一般的な手法である（三九%を占める）。しかし、冷戦後では反乱の割合が劇的に上昇し、独裁がそれ以前の独裁を打倒した下位グループ全体の三分の一（三三%）となっている。また現在では民衆蜂起も一般的になってきており、ある権威主義体制がそれ以前の権威主義体制を追い出して権力を掌握した事例全体の一七%を占めている。これらの傾向が示唆するのは、多くが暴力的で長引きやすいものの、広い層から賛同を得た運動が、現在では既存の独裁から新たな独裁が生まれてくるもっとも頻度の多い手段となっているということである。

一方、民主主義体制を倒して生まれた権威主義体制の場合、事情は少し異なる。まずここでも冷戦の終結以降にクーデタの割合がかなり減少し、独裁者志望の人びとにしても、それを選択手段として用いることが徐々に減っている。冷戦後に崩壊した民主主義体制の約半分はクーデタによるものであったが、権威主義化がそれを数で上回りつつある。権威主義化は民主主義体制の全崩壊例の三八％を占めており――最近のトルコ、フィリピン、バングラデシュの例を踏まえると――、これらはすべて、今後も権威主義化する国が増え続けていくことを示唆している。ここから読み取れるメッセージとは、現職者による権力奪取を通じて、民主主義体制が少しずつ崩壊しているということである。

最後に、かつて新しい権威主義体制は、民主主義体制からよりもそれに先行する独裁体制からのほうが権力を奪いやすかったが、この傾向も変化している。冷戦の終結以降、独裁体制の四一％が民主主義体制を倒し、三七％がそれに先行する独裁体制を打破して新たに成立した（残りは国家の独立時に権力を獲得した例である）。このことが示唆するのは、新たな独裁はますます民主主義体制から芽生えており、これは第3章で指摘した近年の権威主義の増加傾向と一致している[4]。

民主主義の後退とは何か？

民主主義の後退とは「政府に要求を実現させる市民の能力が著しく弱まる方向で、公式の政治制度や非公式の政治実践が変化すること」という意味で使用される[5]。これは実質的には民主主義の浸食である。

民主主義の後退は、複数の領域にまたがって起こる一連の出来事として現れることが多く、一つの出来事によってそれが生じていることを示せるのは稀である。むしろ民主主義の劣化は、主に選挙の競争性や政府の説明責任、市民的自由や政治的自由など多様な領域で起こるのである[6]。

民主主義の後退は常に権威主義の始まりを意味するのか?

民主主義の後退は権威主義体制の始まりへとつながることもあるが、常にそうというわけではない。実際、多くの国が独裁への移行をともなわない、単に民主主義の「レベル」の低下を経験する。たとえば、二〇一五年に「法と正義」が政権に就いて以降のポーランドは、民主主義の後退プロセスにあると考える観察者は多い[7]。憲法裁判所が法令を覆すのを難しくする法律が議会で可決されたり、公共メディアの人事に政府が介入できる法律が成立したり、また、政府が自らの説明に異議を唱えるメディアや学者の信用を貶めようとするなど、悲観的な進展がみられた[8]。これらの出来事は明らかにポーランドの民主主義にとって厄介ではあるが、権威主義に移行していると決めつけるのは早計である。多くの見方によれば(筆者自身も含む)、ポーランドはいまだに民主主義国家である。たとえば監視団体のフリーダム・ハウスは、二〇一六年の市民的自由のスコアは下げたものの、同年のポーランドを「自由」に位置づけた[9]。

もちろん、民主主義の後退が権威主義へとつながったほかの事例は存在する。たとえば、レジェップ・タイイップ・エルドアンの指導下にあるトルコである。二〇一六年、エルドアン政権は(反対勢力を支持する)主要な日刊紙を統制下に置き、彼の政策に反対する学者を「反逆者」として非難し(それにより多くの学者が職を失った)、大統領の権力を強める憲法改正を押し通した。二〇一六年のクーデタ未遂事件後、トルコ政府が三カ月間の国家非常事態を宣言し、一万五〇〇〇人を拘留または失職させ、多くのメディアと市民社会組織を閉鎖した事実は見逃せない。これらの理由により、筆者を含む多くの学者が、もはやトルコを民主主義国家とは考えていない(10)。

要するに、民主主義の後退は常に民主主義の質の悪化を意味するが、それが権威主義への移行開始までをも意味するかどうかは、そうした質の悪化の深刻さによるのである。

民主主義の後退と権威主義化の違いとは何か?

民主主義の後退と権威主義化は、ともに民主主義の劣化を示す動きである。だが、民主主義の後退は独裁への敷居を完全に超えていない国でも生じる。二〇一〇年にヴィクトル・オルバーンが首相として権力を握ったハンガリーがその例である。民主主義の後退が必ずしも独裁への移行を意味しない一方で、文字どおり、権威主義化は独裁への移行を担保するものである。いいかえると、権威主義化とは、民主主義の後退のひとつの形態であり、そのなかで結果として独裁の確立をもたらすものである。

何が権威主義化の兆候の証拠となるのか?

より一般的な民主主義の後退と同様、権威主義化は緩やかに進むので特定するのが難しい。そのため、多様な領域で生じる政治の展開を注視しておく必要がある。一般的に、一つの出来事のみで、ある国が独裁に移行していると主張するには不十分だが、それらが合わさると十分そうできるようになる。もちろんペルーのような例外もある。ペルーでは民主的に選ばれたフジモリが一九九二年四月五日に「自主クーデタ」で議会を閉鎖し、この出来事が二〇〇〇年まで続いた彼の権威主義体制の始まりを画した。しかしこうした例は稀である。

権威主義化では決まって、現職者が自らの支配に対する制度的な制約をゆっくり蝕み、彼らに反対する人びとを弱体化させ、市民社会を分断し脇に追いやろうとする。この場合の「現職者」はリーダー個人であったり、エリート集団（典型的には政党の上層部）であったりする。

それぞれの事例には共通して、典型的な権威主義化の兆候がいくつかみられる。第一に、現職者への忠誠心が厚い者を高位の権力、主に司法に配置することである。この戦略の目的は、潜在的に支配者集団の権力を抑制しうる重要な政府機関に体制支持者を送り込むことである。味方を司法に据えることで、現職者は自らの選択の合法性に対し判事らが口を挟む可能性を減らすことができる。

チャベス政権下のベネズエラの経験はこれを例示している。二〇〇四年、この国にはじめて民主主義の危機を知らせる危険信号が灯ったが、それは同年五月に、政府が最高裁判事を二〇名から三二名に増員する法案を可決したときであった。これによりチャベス派が主導する議会は、その増員分と五つの欠員すべてにチャベス支持者をあてた[11]。

権威主義化の二つ目の兆候は、例のごとく、検閲、接収、批判的なジャーナリストの逮捕によってメディアを統制しようとすることである。自由なメディアは民主主義が機能するうえで必要不可欠な条件である。なぜなら、もし現在や将来の議員に対し、市民からの効果的な評価が期待されているならば、市民は適正な情報にアクセスできねばならないからである。それゆえメディアを黙らせたり、メディアが政府寄りとなるような戦術を駆使することで、現職者は、自らの支配を正当化し、反政府的な人びとを貶めるような物語をつくりだすのである。

この例として、二〇一〇年に現職大統領のピエール・ンクルンジザが権威主義化に着手したブルンジがあげられる。二〇一〇年前半実施の選挙後、九月に親ンクルンジザ派が多数の反対派を殺害した。この事件をブルンジのメディアが報道した際、警察庁長官は記者会見を開き、治安問題に「干渉」するなと警告を発した。同時期に、ブルンジ政府はこの事件を批判したジャーナリストを多数逮捕し、その他多くのジャーナリストも殺害予告を受けた[12]。

権威主義化のさらなる兆候は、現職に有利となるよう選挙規定を操作することである。この戦術は、与党が労せず選挙で勝つように仕向け、それによって反対派を不利な立場に追いやるだけでなく、民主主義的な見せかけを維持するのにも役に立つ。議席配分を決める選挙規定を少し変更するだけで、代表性に大きな差が生じ、巧妙かつ効果的に権力を蓄えることができるのである。

一九六〇年における独立後最初の選挙時のベナンが例としてあげられる。支配政党——統一ダオメー党（ＰＤＵ）——はそれまでの選挙規定を、全国を一つの選挙区とする勝者総取り方式に変更し、しかも勝利した政党の上位二名の候補者が大統領職と副大統領職を獲得できるようにした。これらの選挙規定の変更によって、統一ダオメー党は大統領と副大統領の地位を得るだけでなく、議会をも完全にコントロールすることが可能となった[13]。

権威主義化の四つ目の兆候は、現職者にさらなる権能を与えられるよう憲法を改正することである。こうした動きの目的は、権力掌握の正当化である。権力の掌握が憲法に規定されており、少なくとも審議を装ったプロセスを経て広く合意されていれば、権力掌握を合法的なものに装うのは容易となる。

ザンビアを例としてあげることができる。一九九六年、当時の大統領であったチルバと、与党の複数政党制民主主義運動は、同年予定されていた選挙の前に憲法改正を強引に進めた。その改正規定では、両親がザンビア生まれでない者は大統領選に立候補できないとされた。これにより、チルバの主な政敵であり、前大統領であったカウンダは、一部にマラウイ族の血が流れているという理由で、大統領選挙に出馬することを禁じられたのである[14]。

権威主義化の五つ目の兆候は、訴訟と法律を駆使して市民社会や政府への反対派の活動を妨害することである。その目的は、公共空間を政府の支持者だけで満たすことができるよう、そこを規制することである。標的にされた人びとが何か「違法」行為を犯したとされるため、政府による懲罰が容易に正当化されることになる。

たとえば、エルドアン政権下のトルコでは、さらに大きな憲法上の権限を政府に付与するか否かを問う国民投票が実施され、多くの市民が賛成票を投じた。この権限には、検察などを含む公的機関や民間機関を監視する国家監査委員会の統制権の拡張が含まれていた[15]。国民投票で反対票を投じた人びとは不正投票を主張したが、賛成多数による是認によって、体よく大統領は市民社会を管理する能力を手に入れたのである[16]。（トルコの事例はまた、前述のように、憲法改正を利用することで、執政府がより強い支配権を得ることができることを説明している。）

もちろん、権威主義化の兆候は以上のものだけではないが、これらはもっとも頻繁にみられるものである。まとめると、これらの兆候は結果的に、さらに強大な執政権と、強靭な民主主義に不可欠な制度の弱体化をもたらし、これらが積み重なって最終的に権威主義体制へと発展するのである。

権威主義化を把握するのに、なぜこれらの兆候が重要なのか?

概してわれわれは、民主主義体制が武力によって崩壊すると考えているが、本章前半で論じたとおり、データは権威主義化が増加していることを示している。もしこの傾向が続くなら、権威主義化は民主主義体制が崩壊するもっとも一般的な方法となるだろう。そのため、権威主義化の兆候が何であるのか認識しておくことは、民主主義の崩壊がいつ発生するのかをより深く知るために重要となる。これは、一般的にクーデタが一日で達成されるのとは異なり、権威主義化が時間をかけて生じる多様な出来事の積み重ねであることを考えれば、とくに当てはまる。

ベネズエラを例に考えてみよう。一九九八年、チャベスは自由公正な選挙で大統領選に勝利し、翌年に就任した。在任中は物議を醸し、ベネズエラの民主主義に欠点もあったが、就任後しばらくは民主主義体制は維持されていた。しかしチャベスの在任が続くにつれて状況は悪化し、二〇〇四年には深刻化した(17)。この年、チャベス解任のための国民投票を実施するため、反チャベス派が十分な数の署名を集めた。ほとんどの観察者が自由で公正だとみなした国民投票を、チャベスは生き延びた。しかし、その後、〔チャベス派が多数を占める〕議会は、最高裁の人員増加と多数決で判事を解任できる法案を可決し、同年末までチャベス派が最高裁を牛耳った。ここで重要なのは、政府が、国民投票に署名した数万人のベネズエラ人のリストを公開し、その後、その多くが解雇されたり、公共サービスへのアクセスを失った点である。さらにチャベスはメディアを厳しく取り締まり、「反革命派」を脅すキャンペーンを展開した。二〇〇五年（筆者はこの年こそベネズエラが権威主義へと移行した年だと考える）、政府が、チャベスへの反対票を特定できる指紋採取機を投票所に設置することを決めたため、反チャベス派は議会選挙への参加をボイコットした。多くの人びとが、以前の国民投票時と同じく、反対票を投じた後の報復を恐れたのであった。選挙当日、多くの投票所に軍隊が配備され、その結果、チャベス派は全面的に勝利した[18]。

この例が示すように、こんにち、ほとんどの観察者はベネズエラが独裁であることに同意するが、移行のタイミングについては、事態の曖昧さから議論の余地があるだろう。したがって、グローバルな民主主義に関心を持つ者にとって、権威主義化と適切に闘い、それを防止するのは難しい課題となる。とはいえ、第一歩は、権威主義化の兆候として、どのようなタイプの出来事が起こりうるのかを知っておくことであろう。

なぜ権威主義化が増えているのか？

民主主義体制が崩壊するうえで歴史的にもっとも一般的な方法はクーデタであった。しかしすでに述べたとおり、まもなく数の上では、権威主義化がクーデタを上回るであろう。なぜ冷戦の終結後にクーデタが減少したのか、われわれはすでにいくつかの知見を得ている。冷戦の地政学的な力学によって大国は、途上国の多くの軍部に対し、より積極的に財政支援を与えていた。なかには、民主的に選ばれた政府に対するクーデタを秘密裏に支援する事例さえ存在した。しかし、冷戦の終結によって大国は、途上国の軍部への支援を撤回し、また多くの国で、クーデタで成立した政府への対外援助を拒否する法律が作られた。

しかし、なぜ権威主義化が増えてきたのか理解するのはそれほど単純ではない。冷戦の終結後に権威主義化が増えてきたひとつの理由は、それがたやすく実行できるという事実と深い関係にある。たとえば、綿密な計画や調整が必要なクーデタは危険な賭けである。事実、約半分のクーデタが失敗に終わり、その後は通常、首謀者たちは厳しい処罰を受ける[19]。

これに対し、権威主義化に要するのは一連のルールと人事の変更のみであり、それが積み重なることで、もはや反対者は政権を争う競合を事実上できなくなる。それゆえ権威主義化は、クーデタや反乱など、よりあからさまな権威主義的な権力奪取に対し国内外の民主主義擁護者らが見せるような反発を引き起こすことはない。これに関連し、冷戦後の世界で民主主義モデルがより広く受け入れられるようになったことで、独裁者志望の人びとも民主主義的な外観を維持せざるをえなくなったが、こうした外観は、性急な権力奪取ではなく、権威主義化によってより簡単に達成できるのである。この種の独裁者志望の人びとの多くは、市民の大多数から支持を得ているので、緩やかに進む権威主義化に声高な反対を受けることも少ないのである。

ポピュリストのレトリックはいかに権威主義化を容易にするのか?

ここ約一〇年の世界の動きが示すのは、ポピュリズムが権威主義化の足場となり、民主主義的に選ばれたリーダーらが使うポピュリストのレトリックが、権威主義への移行の起点となっているということである。[20] むろん、ポピュリズムは新しい現象ではなく、それが促すメッセージの根幹はここ十数年来変わっていない。しかし、独裁を熱望する者が権力の座に就くためのポピュリズムの利用法には変化がみられる。つまり、現在では、それまでの民主主義ときっぱり断絶させるためではなく、むしろそれを巧妙に蝕むためにポピュリズムが利用されるのである。

ポピュリストの脚本には、いくつか中心的なメッセージがある。[21] 第一に、リーダー(またはその一団)のみが、救済を求める国家を救うことができるというものだ。その考えとは、市民は毅然とした強いリーダーを求め、先見の明のある執政者のみが国家が直面する問題を解決できるというものである。このメッセージは、権力の強化を正当化するものであるため、権威主義化への道を開くものでもある。結局、リーダー集団の強化に支持を与えることは、暗に、そうした集団を牽制しうる諸機関の力を弱めることに支持を与えることも含意する。たとえば、一九四六年にアルゼンチンでフアン・ペロンが大統領に選ばれたとき、彼のメッセージは、この国には「実際に問題を解決できるような、強くてカリスマ性のあるリーダーが緊急に必要である」というものであった。[22] その後アルゼンチンは、一九五一年からペロンによる権威主義化を経験することになる。

第二のメッセージは、伝統的な政治エリート(もしくはほかの指弾されるべき「愛国的でない」集団）は、危険で腐敗しており、また、主要政党のような既存の諸制度はその役割を果たしておらず、物事に対処することができないというものである。たとえば二〇〇二年当時、ベネズエラの大統領であったチャベスは、「われわれは世界の大部分を破壊してきた特権的なエリートに対峙しなければならない」と述べた[23]。同じく、一九九〇年のペルー大統領選でのフジモリのスローガンのひとつは、伝統的な政治エリートが候補としてふさわしくないことを示唆する「あなたのような大統領」であった[24]。さらに、一九九四年の大統領選に出馬したベラルーシのアレクサンドル・ルカシェンコは、権力者は不正にまみれており、彼のみが「すべてを喰らう蛸のように、あらゆる政府機関に触手を伸ばし陥れる」ような腐敗状況を打破できる、という強いメッセージで選挙戦に臨んだ[25]。その後、ベネズエラでは二〇〇五年に、ペルーでは一九九二年に、ベラルーシでも二〇〇四年に権威主義化を経由して独裁へと移行した。

ポピュリストのメッセージの三つ目は、メディアおよび／または専門家は信用できないというものである。ここでの目的は、彼らの主張の真実性に疑いの目を向ける情報源の信用を傷つけることである。もしメディアも専門家も信用に値しないのであれば、彼らが政府の方針に反するいかなる証拠を提示しても、信じる理由はなくなるだろう。それゆえ、メディアや専門家の知見が信用ならないとするメッセージを喧伝する意図は、政府の政策や業績を注意深く批判的に評価できる市民の能力を弱めることにある。ポピュリストは自らを、直感的に善悪の違いを峻別し、自身の考えを知らしめるのに専門家やメディアを必要としない「人びとの声の代弁者」として売り込むのである[26]。

これら古典的なポピュリストのメッセージはすべて、正常に機能する民主主義と相反するものである。なぜなら、もし民主主義がさまざまな制度に反発し、政策を命じる特定の個人や集団に依存したり、選挙競合が政党単位ではなく強烈な個性によってのみ牽引されたり、有権者が政策選択する際に自由なメディアや適切かつ重要な情報にアクセスできないのであれば、民主主義の正常機能は脅かされることになるからである。

たとえまだ完全な独裁にはいたっていないにせよ、ポピュリズムは多くの国や地域で民主主義の後退を引き起こしている[27]。たとえばフィリピンでは、ロドリゴ・ドゥテルテ大統領が二〇一六年の大統領選でポピュリスト的な公約を活用した。就任後、彼は、多数の市民を死に追いやったという理由で、残酷なやり方で薬物を取り締まった。また、メディアに対する攻撃があまりにもひどいため、フィリピンは現在、ジャーナリストにとって世界でもっとも危険な国のひとつとなっている[28]。こうした経緯から、ある観察者によると、現在のフィリピンは独裁の瀬戸際か、もしくはすでに独裁になったとされる[29]。

ハンガリーでも同じく、ポピュリストのメッセージを駆使して二〇一〇年に権力の座に就いていた首相のヴィクトル・オルバーンが、二〇一四年の議会選挙前に選挙法の改正を強行して、与党フィデス＝ハンガリー市民同盟の勝利を確実なものとした[30]。また彼は、二〇一六年、フィデスをめぐる数々の汚職スキャンダルを暴露してきたハンガリーの主要紙（『人民の自由《ネープサバチャーグ》』）を廃刊に追いやった[31]。さらに、各国の統治の透明性を見張る国際監視団体は、メディアや広告媒体への行き過ぎた統制が野党を深刻なほど不利にしているとして、オルバーン政権を批判している[32]。

ニカラグアでも、二〇〇六年の自由公正な大統領選で、ポピュリスト的な題目を喧伝したダニエル・オルテガが勝利したものの、近年は民主主義を蝕む行為がたびたび繰り返されている。たとえばオルテガは、彼の妻や息子や娘たちを政府の要職に就けたり、二〇一四年に憲法を改正して三期目の大統領選に出馬できるようにしたり、二〇一六年には反対派議員を国会から追放したりした[33]。

要するに、必ずとまでは言わずとも、ポピュリストのレトリックは往々にして民主主義の後退全般、とくに権威主義化に大きく寄与しているのである[34]。

なぜ現在の権威主義化が、ますます個人独裁へのきっかけとなりつつあるのか?

権威主義化はますます、独裁者志望の人びとが民主主義体制を打破するためのひとつのプロセスとなっており、ときにそれは、とりわけ権威の強化や強いリーダーシップに力点を置くポピュリスト的なメッセージによって特徴づけられる。そして、やがて権威主義化は、もっとも危険なかたちの独裁、すなわち個人支配型の権威主義に道を譲ることになる[35]。

あるデータによれば、一九四六年から一九九九年までに生じた権威主義化の四四%は個人独裁になり、その割合は二〇〇〇年から二〇一〇年にかけて七五%まで跳ね上がり[36]、かなりの増加をみせた。この力学が顕著な最近の例としては、チャベスのベネズエラ、プーチンのロシア、そしてエルドアンのトルコがあげられる。

ポピュリストらが共通して発するメッセージの多くが、個人独裁の良い手本とされることを考えると、ポピュリストが煽る権威主義化が個人独裁へといたるという事実はそれほど驚くにはあたらないだろう。たとえば個人独裁とは、ポピュリストが奉じる強いリーダーシップを具現化した政治システムである。さらに個人独裁では、重要な権力の地位に忠誠者が据えられるが、これは専門家をまったく信用しないとするポピュリストのメッセージと合致する。またそこではつとめて、身内や味方を強力なポストに就かせるが、これも伝統的な政治エリートを攻撃するポピュリストのモットーに沿ったものである。そして個人独裁も、新たな政党や運動をできるだけつくりだそうとするが、それは、既存政党が国民の問題を解決していないとするポピュリストのメッセージを反映したものである。

以上の理由からすると、こんにちの権威主義化の強まりが、ますます個人主義支配へのきっかけとなる可能性は高いであろう。これまでの章で触れた個人独裁の悲観的な帰結を考慮すると、これはまさに、世界規模の平和や民主主義に問題を引き起こしうるひとつの潮流である。

第7章　生存戦略

権威主義体制は生存をかけてどんな手段を使うのか？

あらゆる政府は、公職を保持するという困難な課題に直面する。これはとくに権威主義体制に当てはまる。権威主義体制は権力の地位を保つのに選挙による正統性に頼ることができないだけでなく、常に政府が転覆される脅威と戦わねばならないからである。この課題に対処して支配を維持するために、権威主義体制は抑圧と抱き込み（co-optation）という幅広い二つの手段を活用する。[1]

抑圧と抱き込みは権威主義と常にセットで存在してきた。かのマキアヴェッリが何世紀も前に指摘したとおり、もし君主が秩序維持を望むならば「人びとを甘やかすか、押しつぶすか」しなければならない。[2] マキアヴェッリの時代からすると、権威主義体制下での抑圧や抱き込みの方法は変化したが、これらの方法は依然として、権威主義支配への挑戦を挫くのに決定的に重要な手段であり続けている。

生存の道を模索する際に、権威主義リーダーは、この二つの手段それぞれのコストと便益を秤にかける。筆者の知る限り、これらの手段を使うことで権威主義体制が担うコストを比較した研究はまだないようだが、往々にして、抑圧のほうが高コストだと考えられている。[3]

抑圧とは何か、またその目的は何か？

抑圧は権威主義支配を決定づける特徴である。抑圧は、「国家の支配領域内にある個人または組織に対し、特定の活動を抑止するだけでなく、対象者にコストを課すために、実際の物理的制裁かそうした脅威を与えること」と定義される。[4] 民主主義であれば、激しい抑圧を行なった政府は権力の座から引きずり下ろされうるのに対し、権威主義体制下では、通常そうした活動は罰せられない。こうした理由から、民主主義体制と比して権威主義体制のもとでは、支配を維持するためにいっそう頻繁に抑圧が使われる。[5] 実際、筆者の知る限り、権力の座にあるいずれかの時点で、抑圧に頼らず統治した権威主義体制など存在しない。

こうした理由から、権威主義的な統治と残虐性とがたびたび結びつけて考えられやすくなる。これは一九八八年にサッダーム・フセインが、ハラブジャのクルド人約五〇〇〇人を殺戮するために毒ガスを使用したことを想起するだけでいい。もしくは、それに先立つバース党体制下の一九六九年に、同じくフセインが、イスラエルからのスパイ容疑者一七名をバグダード広場で公開処刑したことを思い出してもらってもかまわない。[6] これらの非常にわかりやすく恐ろしい抑圧の姿がニュースの見出しになり、広く注目を集めたりするものの、すべての権威主義体制がそれほど残酷だというわけではない。とはいえ、いわゆる慈悲深い独裁者でさえ、ある程度の抑圧に手を染める。たとえば、パナマのオマール・トリホス政権下の抑圧は、それを継いだマヌエル・ノリエガ政権下のそれに比べるとたしかに見劣りがする。しかし、トリホスも政権に就いた直後の数年間に、活動家やジャーナリスト、学生らを拷問にかけ、ときに殺害していたのである。[7]

権威主義体制が抑圧するのは、自らの支配に対する脅威を少しでも減らそうとするからである。つまりそれは、挑戦者を排除し、沈黙させ、またその組織化を妨げることで、権威主義体制が支配をより維持しやすくなるという考えによる。むろん、どの権威主義体制下でも反対派集団がしぶとく生き残っているように、抑圧もそれほど容易にできるわけではない。抑圧は遂行するのに非常にコストがかかるものとなりうるし、政府の実行力も要求される。[8] さらに、そうした抑圧は期待に反した結果にもなりうる。無差別の抑圧は、体制への潜在的な反感を呼び起こしかねないし、またそれは反対派を強め、大衆暴動の引き金にもなりかねない。[9] 権威主義体制は、否応なく、自らの支配に異議を唱える者たちに対処するため、ある程度は抑圧に依存しなければならない。しかし、その実行のしかたについては細心の注意を払う必要がある。

権威主義体制下の抑圧にはどのような手段があり、それはどのように測定されるのか？

抑圧はさまざまな形態をとりうるが、大きく分けて二つのタイプがある。すなわち、高烈度の抑圧と低烈度の抑圧である。[10] これら二つは、抑圧行為の対象と使用される暴力のタイプにおいて異なる。

高烈度の抑圧とは、あからさまな暴力の行使であり、たいていは有名な個人や団体が対象となる。例としては、抗議運動参加者の大量殺戮や反対派リーダーの暗殺などが含まれる。[11] 一九八九年の中国政府による天安門での数百人の学生抗議者らの殺戮は、まさにこの高烈度の抑圧とみなされるし、同じく、二〇〇五年のウズベキスタン治安当局によるデモ参加者の殺害もそうである。高烈度の抑圧は、国内外から容易に観測可能であり、それを権威主義政府が隠匿するのも難しい。

たとえ外部から見てわかりやすいとしても、高烈度の抑圧の測定が予想以上に困難な場合もある。なぜなら抑圧を実行した政府は自らの行為の隠蔽を図るし、それに巻き込まれた被害者の数も偽るからである。したがって、高烈度の抑圧に関する指標はどれも完璧にはほど遠い。[12] しかしわれわれは、それらの指標によって、各権威主義の抑圧行為のパターンをわずかながらでも摑むことはできる。学者が高烈度の抑圧を測定するもっとも一般的な方法のひとつは、個々人のインテグリティ（integrity）の侵害具合をみることであり、大量殺戮や拷問など、直接的に個人の生命を標的とする体制の行為を測定することである。[13] 政治的インテグリティの侵害についての国際的指標としては、たとえば、「政治テロ指標（Political Terror Scale: PTS）」や、チングラネッツリとリチャードによる「身体的インテグリティ指標（Physical Integrity Rights Index: CIRI）」などがある。[14]

これに対し、そもそも、低烈度の抑圧はより捉えがたく、往々にしてその対象範囲もさらに広くなる（反対派一般など）。たとえばこれには、反対派の活動の監視、反対派に対する民事訴訟、活動家やジャーナリストの短期的な拘留などが含まれる。[15] 市民のインターネット利用を密かに監視すべく、中国政府が洗練された手段を駆使するのも、この低烈度の抑圧に分類できる。また、反対派を沈黙させるため、シンガポール政府が名誉棄損の訴訟を起こすのも同じである。低烈度の抑圧がそれほど注目されないのは、まずもって控えめにしか扱われないからであり、またそれがひとつの大事件などでなく、些細な個別的事件によって構成されるからである。またこの種の汚れ仕事を政府が外注したり、準軍事組織（パラミリタリー）など他のグループに任せたりしていることが、事態をさらに複雑にしている。

おそらく低烈度の抑圧の測定は高烈度の抑圧の測定より難しい。それは低烈度の抑圧が、非常に巧妙で、さまざまな形式をともなうからである。実際、政府がこの種の抑圧を実行する方法は、創造力が及ぶ限り多様なものとなりうる。したがって、低烈度の抑圧の測定は、何かひとつの方法に絞るのが典型的である。学者がそれを測るもっとも一般的な方法とは、すなわち、表現、結社、集会や信念といったエンパワメントのための諸権利に対し、政府がどの程度まで制限（逮捕、制裁、もしくは、禁止）を課そうとしているか調査することである[16]。複数の国を対象とする主要な尺度はフリーダム・ハウスの市民的権利スコアであり、それは「表現や信仰の自由、結社や組織に関わる諸権利、法の支配、そして国家からの個人の自律性」などを捉えている[17]。

抑圧は各権威主義体制でどれほど違うのか？

どの権威主義体制もある程度の抑圧を行なうが、その頻度や方法は体制によりさまざまである。たとえば第二次世界大戦後の独裁では、ありとあらゆる体制が何らかの方法でエンパワメントのための諸権利を制限してきたし、三分の一の権威主義体制が、在任中いずれかの時期に、身体的インテグリティや権利を侵害した[18]。

権威主義体制の類型に応じて、抑圧の行なわれ方には違いがある[19]。とくに、ほかの形態の体制と比べて、個人独裁はエンパワメント権を強く抑圧しがちであり、一方、軍事独裁は身体的インテグリティをもっとも抑圧しやすい。これが示唆する重要な点は、支配政党型独裁がもっとも抑圧を使わない独裁の形態だということであり、しかもそれは、高烈度・低烈度いずれのタイプの抑圧についてもいえる。

これまでの研究が主張するに、支配政党型独裁がほかの体制ほど抑圧に訴えないのは、抑圧を思いとどまらせる民主主義的特徴、つまり、政治プロセスに多くの国民を巻き込んでいるという特徴を、この種の独裁が備えているからである[20]。また、ほかの体制に比べて、支配政党型独裁のもとでは、体制について公に意見表明がなされる機会が多く、体制側も、強制以外の、市民に影響を及ぼしうるさまざまな方法を自由に使えるからである。

権威主義体制の生存に対し、抑圧はどれほど影響を及ぼしているのか?

抑圧の目的は政府の権力維持を助けることであるが、この戦術が実際のところどこまでうまく機能しているのかについての研究は驚くほど少ない。二〇〇七年にある学者は、「国家の抑圧は当局者が権力に居座るために使われるが、先行研究のなかでひとつとしてこの主張を体系的に検証したものはない」とした[21]。この関係を検証するうえでの課題のひとつは、抑圧が体制を強化するのか、それとも強い体制が抑圧を用いるのかを解明することである。つまり、そもそも抑圧できるほど強力な独裁だからこそ長続きする、ということが十分にありえるのだ。

筆者の知る限り、抑圧が体制の生存に対しいかに影響するのかを検証した研究は存在しないが、権威主義リーダーの生存に対する影響についての研究は存在する。それによると、独裁者は賢く抑圧を行なっており、独裁者が抑圧的であるほどその独裁者が追放されるリスクは低くなるという[22]。同様に、独裁者は、権力を失う可能性が高まると、抑圧のレベルを上げることでそれに対処しやすい。

要するに、抑圧が、その目的とされる権威主義体制の延命にどれほど寄与するか否かは定かではないのである。ただ、個々のリーダーたちが生存しやすくなれば、彼らが率いる体制自体の持続期間も延びるだろうと推論することはできる。

権威主義体制による抑圧はどのように変化してきたのか?

現代の権威主義体制は、抑圧のしかたにおいて過去のそれとは異なっている。こんにちの権威主義は力ずくで支配を維持するのではなく、より巧妙かつ曖昧な戦略を使うことで反対派を黙らせ、思いとどまらせ、弱体化させる。そうすることで多くの目的を果たすことができる。つまり、耳目を集めず、事件への関与をもっともらしく否定することができ、また反対派も断固とした対応をとりにくくなり、さらに、体制が民主主義の行動規範を遵守するふりもしやすくなる。

こうした独裁下における抑圧の利用の進化のさまは、さまざまな場面で顕著に表われている[23]。たとえば、かつての権威主義では多くの場合、明らかに体制と関連のある集団が抑圧に利用されていたが、冷戦後の権威主義体制では、体制からは名目上独立したアクターがそれに使われる。たとえばイランでは、二〇〇九年の大統領選後の抗議運動の弾圧を監督指揮していたのは義勇軍からなる準軍事組織バスィージであった。この戦術のおかげで体制は、流血騒ぎへの国家当局の関与を否定し、批判を他所に逸らすことができた。

さらに、現代の権威主義は、反対派を黙らせようと単に逮捕するのではなく、反対派に対し法的訴訟を起こすといった、より控えめなアプローチをとりやすい。ベラルーシのアレクサンドル・ルカシェンコは、政府を批判する諷刺画を描いた反体制派パーヴェル・モロゾフを黙らせようと、名誉棄損の刑事訴訟を起こした[24]。前述のとおり、人民行動党支配下のシンガポールはこの戦術を使うことで有名であり、実際それによって野党は破産した。敗訴したのち（敗訴はほぼいつものことだが）、野党は何十万ドルもの損害を支払わなければならず、結果的に財政資源を使い尽くした[25]。同じく巧妙な戦術として、たとえば、安全衛生規則違反などの規制違反を反対派組織に対し指摘したり、反対派リーダーに対する海外渡航を禁止したりすることなどがあげられる。こうした試みの目的は、体制が反対派に対し残忍で冷酷というよりは、あたかも寛容であるかのごとくみせることにある。

くわえて、かつての権威主義体制は、批判者を黙らせ、挫けさせるためにあからさまな検閲を行なっていた。しかしこんにちでは、反対派が表面的には自由な空間で活動できるようにする一方、彼らをくまなく監視するための独創的な戦略を用いている。たとえばウガンダのヨウェリ・ムセヴェニ体制は、マルウェア・プログラム「フィンフィッシャー（FinFisher）」を駆使し、選挙後の抗議運動のあいだ、主な野党指導者間でなされた情報のやり取りを即時に傍受していた[26]。またロシアでは、プーチン派のシンクタンクが、ソーシャルメディアを監視することで政権が抗議運動を予測できるようにするソフトウェアを開発した[27]。このように洗練された技術によって、体制は反対派の活動を追跡し、あからさまな検閲に頼ることなく、反対派の意図についての情報を収集し、動員を阻止できる。

旧来の抑圧指標が廃れてきたのは、こうした権威主義体制下での抑圧手法が進化してきたからである[28]。こんにちの独裁がもはや抑圧しなくなったということではなく、むしろ過去とは非常に異なったやり方でそれを続けているのである。

抱き込みとは何か、またその目的とは何か?

権威主義体制では権力維持のために抱き込みも利用されるが、その程度や使われ方はかなり多様である。抱き込みとは、潜在的な挑戦者に対し、その忠誠と引き換えに故意に利益供与する行為と定義される[29]。典型的なのは、ある特定の個人に対し、政治的支持の見返りに財やサービスを分配するクライアント・ネットワークである。抱き込みの目的は、ほかの主要なアクターが「妨害力」を行使しないようなだめることである[30]。

なぜ独裁にとって抱き込みが有用な戦略なのか、その理由は多々ある。第一に、それによって、部内者や体制支持者らが体制から離反することを思いとどまらせることができる。もし体制の味方が現体制下でうまくやっていけるのなら、彼らが体制への支持を撤回する可能性は低くなるにちがいない。こうした見立ては当然のようにみえるかもしれないが、これらの人びとが後継体制のもとで立ちゆかなくなる可能性があることを忘れてはならない。だからこそ、抱き込みによって、体制の味方は体制が存続することに既得権を見いだし、またそれを支持していく強い動機を持つことになるのである。[31]

また抱き込みは、体制が供する便益を「受け入れる」かどうかをめぐって、潜在的な体制反対派を分裂させうる点で効果的である。これによって反対派内の調整はより困難となり、体制は難を逃れることになる。[32] たとえば、野党の選挙競合を認めることは一種の抱き込みである。これは野心的な政治家にとっては「目の前にぶらさげられた人参」であるが、むしろ選挙のボイコットを主張する者がいる場合には、反対派を分裂させうるものとなる。

抱き込みが体制にとって重要な生存戦略である理由はほかにもある。独裁の不安定化にはいたらないものの小さな不穏な動きがエスカレートして勢いづくのを、抱き込みによって未然に防ぐことができる。[33] 国民の大部分が不満を持つ状況ではそうした些細な出来事でさえ、体制を脅かすような大規模な反対運動へとより発展しやすい。しかし、国民の一部に利権をばら撒き、全般的な社会不満のレベルを下げることで、こうした事態の発生を未然に防ぐことができる。

これに関し、権威主義体制が弾圧を行なったというニュースは、反対派の炎に油を注ぎ、民衆からの反発の引き金にもなりうるが、抱き込みに関する報道はそうしたリスクをもたらさない。したがって、抱き込みは抑圧よりも多くの点で「より安全な」戦略なのである。[34]

しかし、抱き込みがまったくリスクをともなわないわけではない点に、注意することが重要である。潜在的な体制反対派が欲するものを与えることで、抱き込みは、体制がどうしても宥めておきたい人物に力を与えることにつながる。抱き込みの対象者は、たしかに、受け取る便益と引き換えに忠実でいるはずだが、彼らがそうしたリソースを泥船から逃げるために利用するリスクは常に存在する。いったん人びとが便益を受け取ったにせよ、それを自らの同盟づくりやその強化に使用しない保証はどこにもない。[35] それゆえ抱き込みは、供与対象者らが受け取った便益を体制を侵食するテコとして用いるため、独裁にとってリスクにもなりうる。[36]

権威主義体制のあいだで抱き込み方法にどのような違いがあるのか？

権威主義体制間での抱き込みの使われ方は非常に多様である。体制エリートに向けられる場合もあれば、反対派メンバーや一部の大衆に向けられる場合、またこの三者すべてに向けられる場合もある。体制にとって今日の味方は明日の敵にも変わりうるため、通常は体制支持者らが抱き込みの対象となる。買収可能な反対派も同様に主な抱き込みの対象となる。たとえば、特定の民族集団から支持を得る権威主義体制は、体制への忠誠心を確保するべく同じ民族集団を抱き込むかもしれないし、体制転覆を断念させるためにライバルの民族集団を抱き込む可能性もある。

抱き込みによって分配される便益は、新たに舗装された道路や優遇税率などの経済的な特典から、政策の方向性への影響力や政府のポストへの人選といった政治的な特権まで多岐にわたる。こうした便益の移転は、非公式に（パトロネージ・ネットワークを介して）行なわれることもあれば、公式な制度的チャンネルを通じて実施されることもある。

独裁での抱き込み方法は多岐にわたる。学者たちは、権威主義体制下ではとくに、政治制度が抱き込みの道具として利用されてきた点を強調する。たとえば、体制支持政党は、体制への国民の支持を動員し、役職という戦利品を分配する手段になる。[37] そしてそれは、党員と体制の生存とが一蓮托生であることを知らしめ、代わりに彼らが体制転覆に労力を割く可能性を減らす。同様に、権威主義体制下の議会も、抱き込み機能を果たす。それは、主要な政治アクターらが取引を持ちかけたり、政策的な譲歩を引き出したりする場を提供する。[38] これはとくに支配政党内の派閥争いが激しい議会や、反対派メンバーにも代表権が与えられている議会に当てはまる。こうした議会は、潜在的な反対派を体制に取り込む手段として機能することで、体制の支持基盤を広げ、転覆の可能性を減らす。[39] 独裁における選挙も、野心を持った政治家を抱き込むために機能することがある。[40] 選挙を実施し、誰がそこで競合できるのかというルールを設定することで、権威主義体制は、出馬を禁じられた者とそうでない者とのあいだに「分裂した争いの構造」をつくりだそうとする。[41] 出馬を許された者、とくに議席を得た者は、体制の利害関係者となり、やがて体制存続に既得権を持つようになる。

もちろん、政治制度以外にも抱き込みの手段はある。たとえば、公の雇用機会は一種の抱き込み策として機能しうる。中国では共産党が、少数民族が支配的な省に不釣り合いなほどの公共事業を創りだすことで（中国共産党支配への大きな政治的脅威となりうる）少数民族を取り込んでいるという証拠がある。[42] 同様に、かつてのアルゼンチンの軍事独裁は、上級将校に国有企業の経営を任せることで忠誠心を買っていた。[43] 抱き込みは、財や現金というシンプルなかたちも取りうる。たとえば旧ソ連では、体制はスターリンへの政治的忠誠を確保するために自動車（当時は希少な資源）を割り当てていた。[44] またメキシコでも、制度的革命党（ＰＲＩ）体制が政治エリートに報酬を与えるべく、普通に現金を与えていた。

PRI所属のある政治家が述べたように、「貧しいままでいる政治家は、政治が下手なだけである」[45]。これらの例が示すように、権威主義体制が、味方と思しき人物や疑わしい反対派を抱き込む方法は数多くある。もし体制が創造性に富むならば、そうした人びとを利用する方法は無数にあるだろう。

権威主義体制のあいだで抱き込みへの依存度に違いはあるのか？

ほとんどの権威主義体制は、生存戦略の一環として、多様な抱き込み方法を活用している。筆者の知る限り、権威主義体制間の抱き込みへの依存度の違いを体系的に検証した研究は存在しないが、いくつかの大まかな傾向は指摘しうる[46]。

第一に、ほぼすべての権威主義体制は、政治的支持を買うために（パトロネージの分配のような）非公式な抱き込みに依拠するが、なかでも個人独裁下のそれがおそらくもっとも悪名高い。たとえば、フィリピンのフェルディナンド・マルコス体制は、「もっぱらパトロネージ・ネットワークと縁故主義によって特徴づけられるようになった」[47]。個人型の独裁体制では、概して政治制度が弱く、体制が公式のルートを使って、権力に付随した特典を支持者に移転するのが難しい。このため、レントを分配し、政治的エリートの忠誠心を確保するために、パトロネージ・ネットワークが用いられるのが一般的である[48]。そのひとつの証拠として、GDPに占める政府消費の割合（パトロネージ分配の代理指標）は、ほかの形態の権威主義よりも個人独裁のほうが高い[49]。個人独裁は通常、権力を保持するのにそれほど大規模な支持者ネットワークを必要としないため、こうした抱き込み戦略をとる余地がある。支持者の連合がほかの独裁体制より狭いのが一般的であり、非公式に贈り物を与えることで主要アクターを抱き込むことがより可能となる。もちろん個人独裁もほかの抱き込み方法を使いうるが、政治的忠誠心を確保する手段として、非公式のネットワークを通じたパトロネージの分配にとくに依存しがちである。

第二に、重要な政治アクターを抱き込むのに国営企業の経営を委ねるのは、あらゆる独裁で一般的であるが、とくに軍事独裁でこの戦術が好まれる。軍事独裁では、文民主導の独裁に比べて政党の存在感は薄く、それゆえ抱き込み手段としてほかの国家組織が利用されることが多い。とくに軍のメンバー（権力の座にとどまるにはその忠誠心を確保しなければならない）に国有企業の経営権を与え、それによる蓄財を許容することが多い。たとえばタイでは、二〇一四年のクーデタで権力に就いたのち、軍評議会は「国有企業五六社を完全に掌握する寸前にまでいたっていた」という[50]。ミャンマーでも、軍評議会は多様な国有企業から利益を得ており、民営化された企業も、軍が運営する二つのコングロマリットの手にある[51]。ラテンアメリカの経験は、こうした行動のさらなる証拠を提供する。一九三〇年代から一九八〇年代にかけての軍事支配は、軍部に起業家精神や、軍部による「企業の所有、経営、株式保有」をもたらした[52]。軍事独裁のみが、抱き込み手段として国営企業からの利益を使うタイプの権威主義というわけではないが、この種の独裁はとくにそうする傾向があることが、現実からは読み取れる。

最後に、多くの権威主義政権が体制支持政党を有しているとはいえ、とくに支配政党独裁は、野心的で活動的な政治家を抱き込む手段として政党を利用する傾向が強い。このような体制において政党は組織的に強力であるため、支持者に報酬を与え、惹きつけるための効率的な装置となる。また、支配政党独裁は、政党の役職へのアクセスを活用することで、いわゆる職業政治家からの支持を得やすくなる[53]。

大衆レベルでも、党員資格を通じて、体制が一般市民に対しわずかながら便宜を提供し、それらを体制存続に利害を持つ人びとへと変える。たとえば中国では、体制は一般党員を動員して地方選挙で党の候補者を支援したり、特定の指導者のためにロビー活動を行なったりする。そうすることで一般党員は、政治的な有効性感覚や、自らが政策に影響を与えているという確信を持つようになる[54]。どこの国でも、自らに投票した一般市民に支配政党がレントを配るところでは、貧しい有権者をレント頼りの生活にさせて体制支持の「罠にかける」という効果的な方法が使われる[55]。エリートのレベルでは、党の要職に就くことで、役得へのアクセスと、場合によっては政策への影響力を持つことが可能となる。党が権力を握る限り、エリートらはそうした報酬を得るので、党から離反したり、権力の座から引きずり下ろそうなどと企てたりしない[56]。こうして、支配政党型の独裁では「排除するのでなく、むしろ抱き込むのが鉄則」となるのである[57]。

権威主義体制の生存に抱き込みはいかに影響するのか？

潜在的挑戦者への利益分配は、権威主義体制の権力保持を容易にする。挑戦者たちは、自らが享受し続けたい価値あるものを独裁から付与されることで、体制転覆の試みを断念し、多くの場合、体制の生存に既得権さえ見いだすようになる。つまり、もし抱き込みが効果的になされれば、彼らは、体制転覆にエネルギーを費やすのを思いとどまり、むしろ体制がつつがなく運営されるよう働くよう動機づけられる。

とはいえ、抱き込みのためのリソースは無尽蔵ではない。したがって、抱き込みは権威主義体制の権力維持に資するが、それはあくまでもリソースが続く限りにおいてである。またすでに述べたとおり、それはまったくリスクのない戦略というわけでもない。潜在的な挑戦者を抱き込むことで、権威主義体制は、その離反を恐れる人物に力を与えることにもなるからである。

たしかに権威主義体制にとって、あるタイプの抱き込みはほかのそれより危険であったり、維持するのが困難であったりする。だが、抱き込みの手段ごとに、その権威主義体制存続への有効性を検証した研究はほとんどない。

ただし、抱き込みによる独裁存続への影響を評価すべく、政治制度の効果に絞った研究は存在する。それによると、政党、議会、選挙などの政治制度を有する独裁は、そうでない場合と比べてより長期間権力にとどまることが明らかにされた[58]。こうした抱き込みに利用される政治制度と、権威主義体制の耐久性の高さとを結びつける証拠はかなり頑強だが、因果関係の方向性を立証するのは難しい。たとえば、そもそも「より強い」権威主義体制だからこそ、この種の制度を備えることができるという可能性もある[59]。いずれにせよ、こうした制度を特徴とする権威主義体制は通常、それがない体制よりも長く統治するのである。

権威主義体制下での抱き込みの利用は、どのように変化してきたのか?

第二次世界大戦以来、権威主義体制は、たとえば役得を分配するパトロネージ・ネットワークへの依存など試行錯誤しつつ、さまざまな戦術を通じて、潜在的な挑戦者を抱き込んできた。しかし時とともに、抱き込み方法はますます多様になった。現代の権威主義体制は、忠誠心を確保する伝統的な手段のみに頼るのではなく、潜在的挑戦者を抱き込むのに革新的な方法を編み出し、拡充させている。[60] これら新しい方法の多くは、われわれが通常、民主主義に見いだす規範や制度にもとづいてはいるが、結局は体制存続という目的に沿って適用される。

その理由のひとつには、政治制度を活用して主要なアクターを抱き込む独裁が増えてきていることがあげられる（その証拠を本章の最後で示す）。その場合、政党、選挙、そして議会などが典型的に選ばれる政治機関となるが、こんにちの権威主義体制は、そのリストを拡大してほかの機関も含むようになっている。たとえばロシアのプーチンは、重要なアクターを取り込むために、二〇〇五年にロシア連邦市民会議を創設した。この機関は市民社会の代表者で構成された諮問フォーラムであり、彼らは立法や政策問題について意見を述べることが求められる。[61] こうした政治機関は、活動家に公的な場を提供し、そこで彼らは一般市民の要望や利害を検討できるようになるが、そこで語られることは政権によって厳重に統制される。[62]

政治制度以外にも、現在の権威主義体制が潜在的な挑戦者を抱き込むために考案した方法は数多くある。たとえばシンガポール政府はＲＥＡＣＨ（Reaching Everyone for Active Citizenry@Home）という、重要な争点に関して市民がフィードバックできるようなウェブフォーラムを創設した。[63] こうしたプロジェクトによって体制は、市民の選好について情報を集めることができるだけでなく、体制が市民のニーズに配慮していると感じさせることもできる。中国やカザフスタン、ベラルーシ、キューバなどその他多くの国の独裁では、政府主導の非政府組織（GONGOと呼ばれる）を設立しているが、本質的にそれは、体制支持者によって運営される偽物の市民社会組織である[64]。これらの組織の存在は、あたかも体制が市民社会を歓迎していると見せかける一方、本物の反対意見を抑圧するためのものでもある[65]。

以上はこんにちの権威主義体制が、主要な政治アクターを取り込む方法として考案してきた多様な手段のほんの一例にすぎない。これらの新しい方法の多くは、現代の独裁を形式的な面でより民主主義体制に近づけているが、その実質においては大きく異なっている。これは、冷戦後の権威主義体制が、その生存率を高めるために民主主義体制を模倣するという一般的傾向と軌を一にするものである[66]。

抱き込みと抑圧との関係はいかなるものか？

学者たちは、生存戦略の一部として、権威主義体制が抱き込みと抑圧を組み合わせて活用していることにほぼ同意している。しかし、これらの戦術がいかなるバランスで使用されているのかはあまり知られていない。このテーマについての研究は限られているが、いくつかの領域では逆の関係もあることが示唆されている。とくに、制度的な抱き込みが進むと、エンパワメント権への抑圧が低下するという[67]。独裁が複数政党と議会を持つ場合、人気がある（が離反の可能性もある）体制エリートを監視できたり、反対派人物を国家機関に引き入れ、明るみに出すことができるので、独裁にとってもっとも脅威となる反対者をあぶりだすことが容易になる[68]。体制は、自らの生存に対し脅威となる特定個人について正確な情報を持つことになるので、そうした個人だけを標的にした抑圧ができる一方、民衆からの反感を買いやすい言論や集会の権利制限を緩和することができるようになる。ロシアの反対派指導者ウラジーミル・ミロフは、「彼ら［独裁者］は、一般市民への過度の圧力行使は避け、活発に反対感情を表明する少数の人びとへの集中的な弾圧を好む」と述べている(69)。

つまり、抱き込みの増加によって特定の形態の抑圧が減少しうるが、こうした関連をよりよく理解するには、さらなる研究が必要だろう。

現代の権威主義体制は過去のそれより持続性があるのか？

現在の権威主義体制は、抑圧と抱き込みという、生存のための主要ツールの活用という点で進化してきた。抑圧に関しては、あからさまで剝き出しの強制を避け、怒りや非難を惹き起こしにくい、より巧妙なテクニックを駆使するようになった。また、抱き込みに関しては、潜在的な挑戦者を取り込む方法の幅をますます拡げ、多くの場合、民主主義体制でみられる制度や規範を戦略的に模倣している。

この進化の背景には、冷戦終結後の世界的なアリーナにおける民主主義の優勢がある。国の内外で、民主主義を採用すべきという圧力が高まったことで、独裁も民主主義に準拠しているかのごとく振る舞うようになったのである。

同時に、現代の権威主義体制がこうした方法で戦術を適応させてきたのは、それが自らの利益にもなるからだという指摘もある。つまり彼らは、抱き込みや曖昧な抑圧といった新しい戦略を用いることが、体制の存続に役立つことを「学習した」のである(70)。たとえば、擬似的な民主制度は、権威主義体制が民

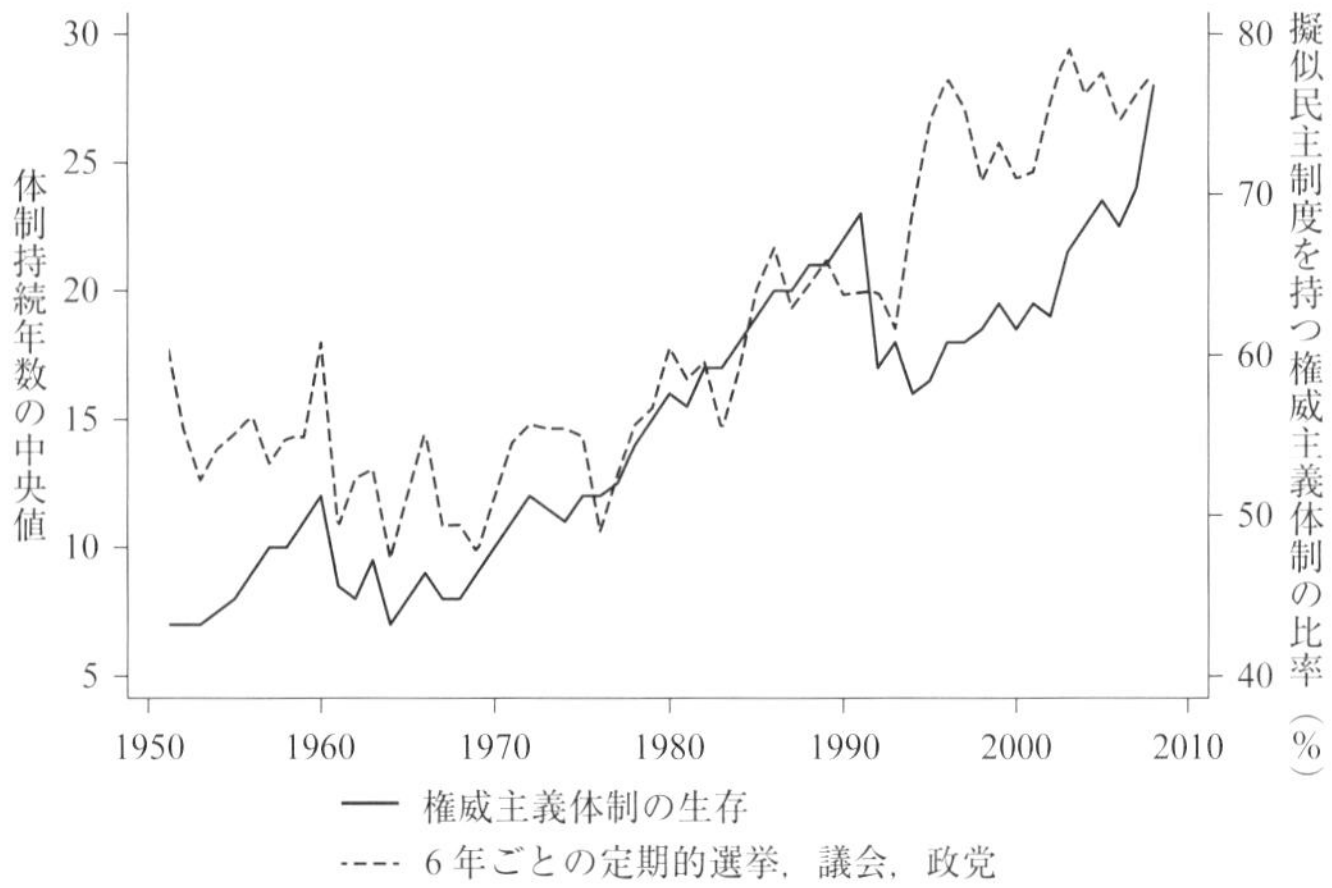

図7－1　擬似民主的な諸制度と体制の持続性（1951–2008年）

主主義に擬態するのに役立つだけでなく、潜在的な挑戦者を抱き込むことで権力の維持にも資する。図7－1によると、複数の政党が競合する議会や定期的な選挙（少なくとも六年ごとの）を有する独裁の割合は、時とともに増加しており、それにともない、典型的な独裁の政権維持年数の中央値も大きくなっている[71]。新たに権威主義体制が生みだした生存術を調査した研究でも、同様のことがいわれている。つまり、このようなやり方で進化してきた独裁は、過去の独裁よりも生存率が高いのである[72]。

これらの証拠からいえるのは、現在の権威主義体制は過去にくらべて、より持続しやすいということである。持続性が高まったのは、権力維持のために用いる中心的戦略が徐々に変わってきたからであり、過去の体制よりも民主主義的にみえる戦略を用いるようになってきたからである。

第8章　権威主義体制の崩壊のしかた

権威主義体制はどのように崩壊するのか?

いくつかの悪名高い独裁への対応が、世界の多くの国で外交政策上重要であり続けていることを考慮すると、権威主義体制の脆弱性を明らかにすることは非常に重要である。権威主義体制の脆弱性について知見を得るには、それがいかに衰退するのかを検証するのがひとつの手である。

一九四六年から二〇一四年にかけて、二三九の権威主義体制が権力の座から滑り落ちた。これまでの研究は、権威主義体制が崩壊した七つの経路を明らかにしている（七つのうち六つは、第6章で議論した権威主義体制がこれまでに権力を獲得してきた方法のほぼ写しである）。それらは、クーデタ、選挙、民衆蜂起、反乱、支配集団の構成ルールの変更、大国による押しつけ、国家の解体である[1]。

クーデタは独裁を崩壊させるもっとも一般的な方法であり、すべての権威主義体制崩壊の三分の一（三二%）を占めている。たとえば、一九七一年にウガンダで、ミルトン・オボテの独裁がイディ・アミン将軍によって倒された。多くのウガンダ国民がオボテ追放に歓喜したが、その直後のアミンの行動、すなわち議会の解散やオボテと同郷の軍人数百人の粛清などが、そうした楽観主義を終わらせた[2]。

二番目に頻度の高い権威主義体制の崩壊のしかたは、選挙であり、すべての権威主義体制崩壊の約四分の一（二八％）を構成している。独裁者らが選挙を通じて権力を手放すのは、現職がすでに退くことを決めており出馬しないか、もしくは、出馬するが敗北し、その後、結果を受け入れるかのどちらかである[3]。たとえば、ニカラグアのサンディニスタ体制は、一九九〇年の競争的な選挙で敗北し、権力の座から降りた。当初、反対派の驚くべき勝利を、サンディニスタ陣営が受け入れるか否か懸念されたが、当時現職のダニエル・オルテガ大統領はすぐさま「投票結果に示された民衆の判断に従う」と述べた[4]。

民衆蜂起は権威主義体制を崩壊させる三つ目の典型的な方法であり、すべての権威主義体制の崩壊例の約一八％を占めている。民衆蜂起の例である一九七九年のイラン革命では、数カ月続いた暴力的な大衆抗議運動が最終的にシャー（国王）をエジプトに逃亡させ、アーヤトッラー・ルーホッラー・ホメイニーを亡命先のフランスから呼び戻した。イラン帰国後すぐに、ホメイニーはイランがイスラーム共和国であると宣言し、それはこんにちまでイランを統治する神権主義体制の礎となった。（民衆蜂起は権威主義体制崩壊に共通にみられる現象であるが、それが成功するのは稀であるという事実に留意すべきである。たとえば、権威主義体制下におけるすべての主要な反政府暴動のうち、実際に体勢を打倒したのは約一〇％にすぎない[5]。）

クーデタ、選挙、民衆蜂起は権威主義体制の崩壊理由の大部分（七九％）を占めている。残りのほとんどは、反乱もしくは支配集団の構成ルールの変更によって生じている（それぞれ七％と八％）。反乱の事例は、一九五九年にフィデル・カストロ率いる反乱軍が六年間の抗争ののち、フルヘンシオ・バティスタの独裁を打倒したキューバ、そして一九九一年に反乱勢力が独裁的リーダーであったモハメド・シアド・バーレを倒したソマリアがあげられる。ソマリアではその後二〇年以上にわたり、どの集団も国土の大部分を支配することができていない[6]。支配集団の構成ルールの変更は、権威主義的な現職が、より多くのアクターが競争的な選挙に参加できるよう選挙のルールを変更するときか（それによって、政策をコントロールできるアクターの編成が変化する）、もしくは新たな現職者が、支配権奪取後、体制を規定するルールを変更することによって生じる。前者の事例としては、フランコ体制末期に、翌年から普通選挙権の導入と自由公正な選挙への道を開いた、一九七六年のスペインの政治改革法の成立があげられる。後者の事例としては、一九七五年のマダガスカルでの、集団指導による軍事独裁から文民と軍部を支持基盤とする独裁への移行があげられる。そのとき権力を握ったのは、軍部が選んだ海軍中将ディディエ・ラツィラカであった。彼はその後、第二共和政を打ち立てるべく国民投票を使い、また、政党（マラガシ革命先駆党）を創設することによって、重要な政治アクターが選ばれる母体のアイデンティティを変更した[7]。

権威主義体制崩壊の残りの経路は、大国による押しつけと国家の解体である（それぞれ全体の四％と二％）。大国による押しつけにともなう権威主義体制の崩壊例は、アメリカ合衆国による一連の侵攻、つまりパナマ（一九八九年に独裁者マヌエル・ノリエガを放逐）、アフガニスタン（二〇〇一年にタリバーン政権を除去）、そしてハイチ（一九九四年に軍評議会を権力の座から追放）などである。国家の解体は、複数国への分裂や既存の国家との合併時に、あわせて権威主義体制が消滅するときに生じる。

前者としては、一九九一年に数十年にわたる共産主義支配ののちにソ連が解体した例、後者としては、一九七五年にヴェトナムで共産主義軍がサイゴンを制圧し、南ヴェトナムを統治していた別国家を消滅させ、その権威主義体制を終わらせた例があげられる。

こんにち、多くの権威主義体制はいかに崩壊しているのか?

冷戦の終結以降、権威主義体制の崩壊のしかたに関し重要な変化はほとんどなく、多くの場合、本書のほかの章で示した権威主義体制のダイナミズムと一致している。図8－1が示しているのは、第二次世界大戦後から現在までと、冷戦の終結後から現在までの時期における独裁のさまざまな崩壊のしかたである。

重要なのは、冷戦後でも依然としてクーデタ、選挙、民衆蜂起が権威主義体制崩壊の大部分(七一%)を占める一方、それらの相対的な頻度が著しく異なっている点である。独裁を終わらせるもっとも一般的な方法として、選挙がクーデタに取って代わった。現在、すべての権威主義体制崩壊の三九%は、選挙プロセスを経て生じている。これら選挙による移行のほとんどは民主化に向かうが、権威主義的な現職が選挙敗北を受容している以上、そうなるのは当然ともいえる。これは冷戦後に世界的に民主化が増加したことに大きく関連している。

民衆蜂起を通じた権威主義の崩壊は、冷戦の終結以降、わずかに増加している。民衆蜂起によるそれは現在、すべての崩壊事例の五分の一以上(二一%)を占めている。これは権威主義リーダーが、以前

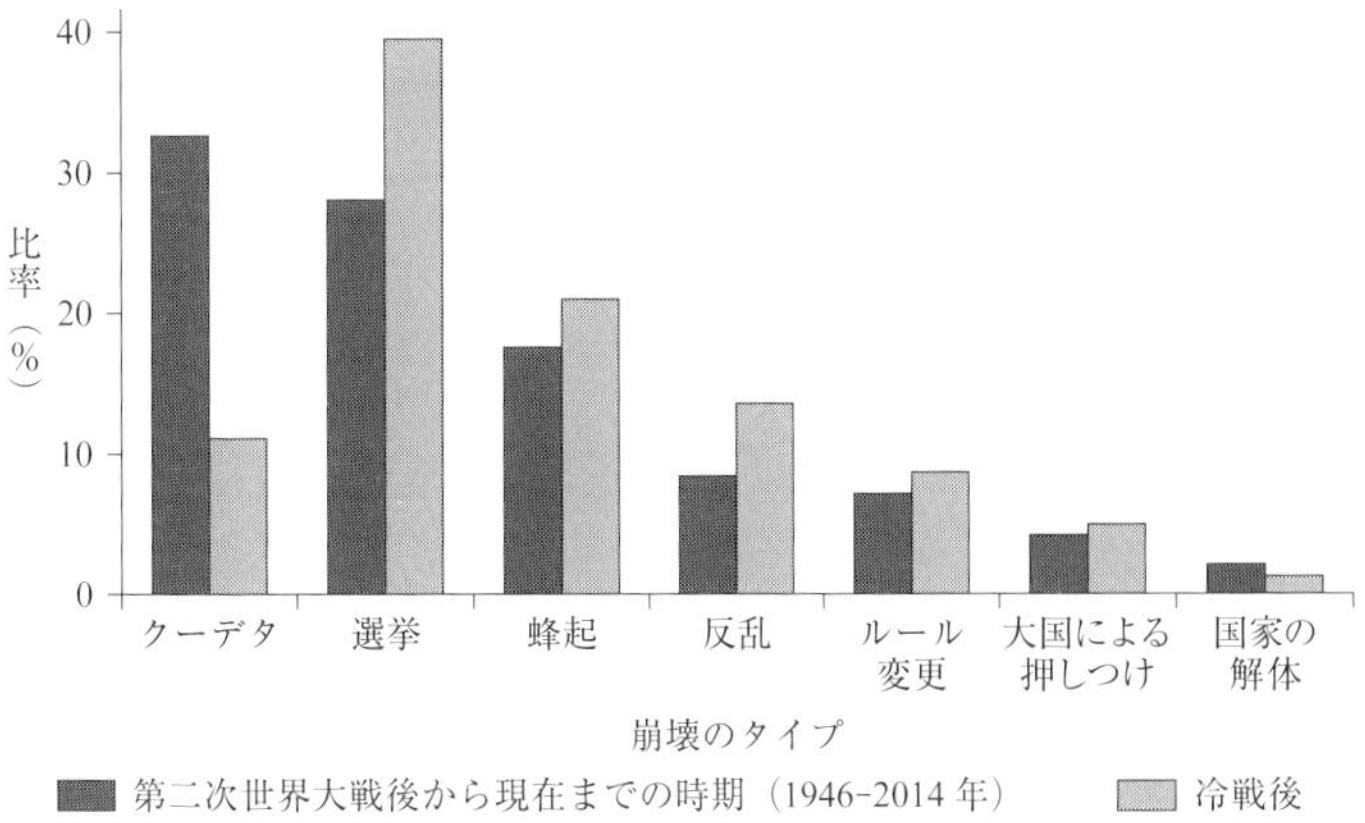

図8－1　権威主義体制の崩壊のしかた

より大衆運動に対して脆弱になっていることを示す証拠と一致する。[8]

同じく現在、クーデタを通じた体制転覆は、すべての権威主義体制崩壊の一一%を占めるにすぎず、ここ数十年でかなり減少している。第4章と第6章で論じたように、冷戦後の世界ではクーデタの数自体減少していることを考慮すると、これは妥当である。

権威主義体制崩壊のほかの様式は一九九〇年以降、ほとんど変化していない。反乱、支配集団の構成ルールの変更、大国による押しつけはそれぞれ以前よりも一般的になっているが、それほど多くはない。国家の解体の割合は一定のままである。

要するに、全体像として、冷戦期では権威主義体制が存続するうえでの最大の脅威は軍事クーデタであったが、現在ではその支配をより脆弱にするのは大衆からの挑戦だということである。これは、第4章で取り上げた権威主義リーダーの退出においてみられるパターンと一致している。

クーデタは常に権威主義体制の終わりのシグナルとなるのか？

クーデタは「軍もしくはほかの国家機関のエリートが、非合法的な手段を利用して、現在の執政権を簒奪する」試みである。[9] 目的はたいていリーダーシップの変更を強いることであるが、ときに、クーデタの実行者らはより大きな志を抱き、さらに本格的な政治変化を追い求める場合もある。実際、独裁下におけるクーデタの約三分の二（六三％）が体制の崩壊をもたらしている。同時にこれは、三分の一のクーデタが体制の崩壊をもたらさなかったことも意味する。[10] つまりデータによれば、クーデタは必ずしも体制変動のシグナルではなく、それを期待できない可能性もあるのである。

クーデタ後に体制が存続するのは不可解に思えるだろうが、権威主義体制のなかには、クーデタを単にリーダーシップの変更手段と考えるものもある。そうした「リーダーをシャッフルする」ようなクーデタは軍事独裁下ではとくによくみられるもので、将校らは軍の独裁者をほかの者に置き換えようとし、そのもっとも容易な方法がクーデタだと悟っているのである。[11] 事例には、アルゼンチンの軍事独裁下（一九六六〜一九七三年）での一九七〇年と一九七一年のクーデタや、グアテマラの軍事独裁下（一九七〇〜一九八五年）での一九八二年と一九八三年のクーデタなどが含まれる。それぞれの事例において、クーデタは軍評議会のリーダーを追い出したが、新たなリーダーを選び、政策に影響を及ぼしうる集団は変わらなかった。

しかし、軍事独裁の衰退とともに、リーダーを取り換えるクーデタも同様に減少した。冷戦の終結以降、権威主義体制下のすべてのクーデタの約五分の一（一八％）のみが単にリーダーを変更するものであり、その他のクーデタは、体制転覆をもくろむものが大半であった。とはいえやはり、すべてのクーデタを体制崩壊の兆候だと決めてかかることはできないのである。

権威主義体制のタイプは体制の失敗の見込みにどのような影響を与えるのか？

権威主義体制崩壊の傾向には、そのタイプに応じて、系統的な違いが存在する。[12] 図8－2は、タイプ別の権威主義体制の統治した年数の平均値を示している。軍事独裁はすべての独裁のなかでもっとも脆く、統治期間は平均七年である。支配政党独裁はもっとも長続きする形態の独裁であり、平均二六年間の統治期間となっている。個人独裁はその中間で、平均一一年間権力の座に居座る。第7章の終わりのメッセージの繰り返しとなるが、こんにちの独裁は過去のそれよりもより耐久性が増しており、冷戦後、権威主義体制の三つのタイプすべてで平均存続率が上がっているのを確認できる。

軍事独裁は、支配集団特有の利害の結果、体制の崩壊にもっとも脆弱である。これらの体制のエリートは、軍部の一員として、制度としての軍が存続することを最優先する。そのため、軍事独裁への最大の脅威は、派閥争いによる軍の分裂と内戦の勃発である。このため、どの権威主義体制にもみられるエリートの分裂は、軍事独裁をとりわけ不安定化させる。エリート内部での対立や派閥感情が高まったとき、しばしば、軍事独裁は自らの意思で権力から離れる。体制の多くのメンバーがキャリアを損なうことなく、スムーズに軍部に復帰できることを考慮すると、多くの場合、その影響はあまり深刻ではない。したがって、軍事独裁はその内部に「自滅の種」を抱えていることから、たいていはたった数年しか続

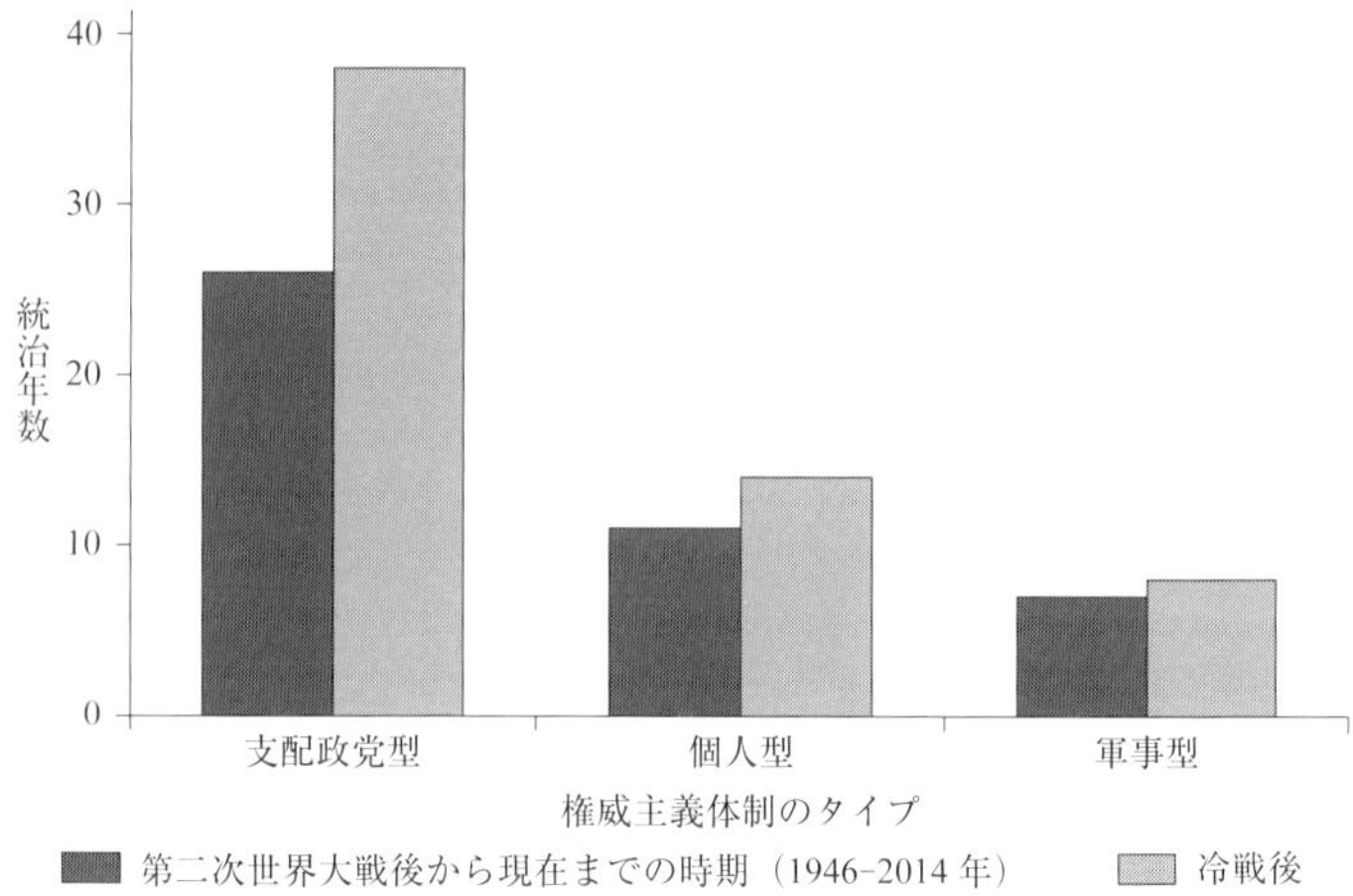

図8－2　タイプ別の権威主義体制持続の平均値

かないのである[13]。

それとは対照的に、支配政党独裁における支配集団はまったく異なった動機を持つ。民主主義体制下の政治家のように、支配政党独裁のエリートは権力の座を確保することを何よりも優先する。もしこの政党が下野するような事態になれば、多くのメンバーが失職することになるだろう。これが、政党エリート──リーダーの意に反する者さえ含む──が体制を崩そうとせず、むしろその維持に固執する強いインセンティブとなる。党が権力の座にある限り、そのメンバーみなが幸福なのである。さらに、概して強い政党は、リーダーの継承に際し（たとえ非公式であっても）明確なルールを持つので、実際の交代に直面しても、支配政党独裁が崩壊する可能性は低い。軍事独裁の約半分（五六％）と個人独裁の大多数（七一％）と比較して、支配政党独裁ではその約四分の一（二六％）のみがリーダー交代時に、独裁を終焉させている。こうした理由により、支配政党独裁は、ほかの形態の権威主義より耐久性に優れているのである。

個人独裁は支配政党独裁よりも短命だが、軍事独裁ほどは脆弱ではない。ほかの権威主義体制のように、個人独裁でも派閥の形成は一般的であるが、たいていは、ライバル派閥にも「体制とリーダーを支持し続ける強い理由」がある[14]。個人独裁下のエリートは、ほかの体制下よりも、その体制があってはじめてその身が保障されている。支配政党独裁のエリートならば、もし体制が崩壊しても競争的な選挙に参加できるが、体制が終わった後の個人独裁エリートの運命はとくに悲惨である。彼らの将来はたいていリーダーの行く末と強くつながっており、しばしばそのリーダーたちは、失職後、在任中の行ないを咎められ懲罰を受けることになる。これが個人独裁下のエリートが、どれほどリーダーを気に喰わなかろうが、体制を支え続ける強いインセンティブとなる。こうして個人独裁は、一般的に、軍事独裁よりも権力の座に長くとどまることになる。他方で、個人独裁は（先に指摘したように）とりわけリーダーの継承問題に直面すると崩壊しやすくなる。中身のない制度ばかりで、個人独裁はリーダーの継承問題を解決する枠組みも欠いている。往々にしてリーダーの失墜は体制の失墜をも意味するため、個人独裁は支配政党独裁ほどには長続きしないのである。

権威主義体制の崩壊に影響を与えるほかの要因は何か?

独裁が崩壊の危機に陥る要因は、たとえば、翌年にチュニジアの独裁を打倒する抗議運動を触発した、二〇一〇年の田舎町シディブージドでのモハメド・ブアジジの焼身自殺のような予期せぬ出来事から、軍事力で圧倒的に勝るイギリスとの戦争の引き金となった、一九八二年のアルゼンチンの軍事独裁によるフォークランド諸島への侵攻といった愚かな政策決定まで、きわめて多様である。権威主義体制を不安定化させる要因のリストは長大なものとなる[15]。

とはいえ、一般的にいえば、権威主義体制の崩壊可能性に強い影響を及ぼしうる事項がいくつか存在する。技術的にいえば、それらは、権威主義体制の生存に関するあらゆる実証モデルが含めなければならない要因である。経済発展、経済成長、天然資源による富、抗議運動、そして（国内と国家間両方の）紛争は、権威主義体制のタイプにかかわらず考慮に入れる必要がある。はじめの三つの要因は権威主義体制の安定性を強めるが、後の二つはそれを弱める要因である。

経済発展の低さはきわめて不安定な権威主義体制（同じくきわめて不安定な民主主義体制）と強い相関がある[16]。豊かな独裁はよりよく市民やエリートの支援者を幸福にし続けることができ、それが権威主義体制を転覆しようとする圧力を抑止することができる。これは、たとえば人民行動党政権下のシンガポールやスルタン制のオマーンといった豊かな権威主義体制が耐久性に優れること、逆に、一九六〇年の独立から一九九一年の民主化までベナンを統治した一連の独裁のような、貧しい権威主義体制が脆弱であることなどを説明するのに資する。

経済成長の乏しさも権威主義体制の不安定化を強める。経済成長が権威主義の生存を手助けする一方、経済破綻はそれを崩壊の危機に追いやる[17]。これらのダイナミズムの背後にある論理はかなり単純である。景況が良いときには、一般市民が独裁の転覆を図る理由も、エリートが体制を見限るインセンティブもほとんど見当たらない。しかし、経済危機下では、それらの見立ては変化する。もし食事がテーブルに並ばなくなれば、すぐさま一般市民は街頭で抗議運動するインセンティブを高め、体制の放逐を要求しはじめるだろう。経済危機はエリートが体制から離脱する誘因にもなりうるが、それはとりわけ、エリートが自らの役得が損なわれていると理解している場合である。ソ連やスハルト政権下のインドネシアのように、こうした理由によって、経済危機が独裁の崩壊を促進する事例は枚挙に暇がない。

制度的革命党（ＰＲＩ）下のメキシコの経験はこのことをよく示している。「メキシコの奇跡」と称された、数十年にわたる堅実な経済運営ののち、一九七〇年代半ばまでに好況は終わりを迎えた。一九八二年に泥沼の経済停滞に陥り、メキシコ政府は債務不履行となった。その間、縮小した財源はＰＲＩの支援者への配分を滞らせ、反対派を結集させ、最終的に二〇〇〇年のＰＲＩの敗北をもたらした[18]。経済的繁栄は体制を強化する一方、経済危機は体制を弱体化させるのである。

天然資源による富は、権威主義の安定を説明するのに資するもうひとつの要因である。経済発展と同じく、天然資源による巨大な富（石油、天然ガス、鉱物といった資源からの収入）は、権威主義体制のいっそうの耐久性につながっている[19]。天然資源のおかげで、体制から市民（たとえば、低価格の燃料）やエリート（たとえば、利益になる政府との契約）への価値ある利益配分が容易になされ、権威主義の存続を後押しする。天然資源はまた、強制装置により多くの資源をつぎ込むことを可能とし、それにより軍部やそれ以外の国家機関内部の不満を軽減することができる。天然資源が豊富な独裁は、体制に重要な政治アクターとの協調を、実質的に「買う」ことができる。つまりこの要因で、カタール、クウェート、サウジアラビア、バハレーンのような資源が豊富な中東での権威主義体制の驚くべき安定を説明できるようになる。

反対に、抗議運動は権威主義体制を不安定化させる力である。一般的に、独裁下の抗議運動は小規模だが、それが大規模化した大衆運動は、体制崩壊の機会をかなり高めることができる。いうまでもなく、もし大勢の市民が街頭で体制へ怒りの声を上げれば、それが深刻な問題の表われであることは明らかである。ある証拠では、非暴力の抗議運動がとりわけ権威主義体制を不安定化させることが示されているが、暴力的な抗議運動でさえ体制崩壊の危機を高める。[20] もちろん、すべての抗議運動が体制変動をもたらすわけではない。大規模な抗議運動に直面してさえ生き残った権威主義体制の例は多数ある。たとえば、疑惑を呼んだ大統領選挙後の二〇〇九年にイランで起きた大衆運動や、「アラブの春」のさなかの二〇一一年にモロッコで生じた大衆運動などである。抗議運動は必ずしも権威主義体制の崩壊をもたらすわけではないが、そのリスクの基準線を高める。

最後に紛争は、それが内戦や国家間紛争のどちらであれ、本質的に権威主義崩壊の可能性を高める。どの期間であれ、独裁の五分の一は何らかの紛争のさなかであった。しかし、権威主義世界における紛争の多さを考慮すると、紛争発生は必ずしも権威主義体制崩壊の合図というわけではない。他方で、権威主義体制が紛争で敗北したときには、その崩壊可能性が高まる。これを示すのが、本章の最初で論じた、独裁の一二%が反乱もしくは大国の押しつけによって権力の座から失墜したとする数字である。二〇一一年からの内戦で荒廃したにもかかわらず（二〇一七年の時点で）権力を維持するシリアのアサド政権のように、体制が長期的紛争を生き延びる場合もあるが、一九七九年、タンザニアとの戦争に敗北した結果としてウガンダのアミンが打倒されたように、紛争後に体制が崩壊する事例も多数ある。紛争は権威主義体制崩壊の危機を高めるが、それは概して、体制が紛争で敗北したのちに権力を追いやられるからである。

権威主義体制が権力の座から転落するのに影響を及ぼしうる要因は無数ある。しかしなかでも、権威主義体制のタイプ、経済発展、経済成長、天然資源による富、抗議運動、紛争は、多くの事例を通じてより一般的で影響力のある要因である。

権威主義体制の崩壊の後には何が起こるのか?

権威主義体制が崩壊するとき、おおむね生じうる帰結が三つある。[21] 一つ目は、一九九八年のアルメニアで、レヴォン・テル゠ペトロシャンの独裁が、結局ロベルト・コチャリャンの独裁に代わっただけのように、新しい権威主義体制へ移行するという帰結である。二つ目は、二〇一〇年のキルギスのように、政府の汚職と経済政策の失敗に抗議する大規模で急激な大衆蜂起によってクルマンベク・バキエフ体制が失墜し、民主主義へ移行する帰結である。キルギスではそれから間もなく、民主的な選挙が実施された。三つ目は、一九九一年のソマリアにおけるバーレ体制の崩壊後、もしくは同年のソ連における共産主義支配の崩壊後に起こったように、権威主義体制から破綻国家へといたる、もしくは、権威主義体制の崩壊と同時に国家が消滅するという帰結である。

一九四六年から二〇一四年まで、権威主義体制崩壊後に新たな権威主義体制が発足した例は全体の約半分、民主主義体制への移行の例も約半分、国家の消滅はきわめて少数であった。[22] これは権威主義体制の終焉が、その後必ずしも民主主義をもたらすわけではないことを意味している。

冷戦後、われわれが民主化の劇的な増加を目の当たりにしてきたことを踏まえると、これはそれほど大きな割合ではないかもしれない。一九九〇年以降、すべての権威主義体制の七〇%が権力を手放したのちに民主化し、その数はかなり増加した[23]。たとえそうだとしても、これらの統計が依然示すのは、残り三〇%の権威主義体制が、その後、新たな権威主義へと移行するか、もしくは国家の解体にいたったという事実である。

民主化が唯一の帰結ではないことを理解することが重要なのはなぜか?

権威主義体制の崩壊した後に民主主義が到来することもあれば、その代わりに新たな権威主義が台頭することもあり、さらに悪いことに、いかなる体制も生まれない場合もある。これは二つの意味で、強調すべき重要なことである。

第一に、もしわれわれが広く権威主義体制の崩壊に影響する要因を理解するのに関心があるとしつつも、民主化が唯一の結果だとみなしている場合、誤解を招く結論に達する可能性がある。民主化だけを念頭に置いた権威主義体制崩壊の分析では、新しい独裁への移行には影響を与えつつ民主主義への移行には影響を与えないような要因を認識することができないだろう。たとえばある研究では、暴力的な抗議運動は、既存の独裁が新しい独裁へと移行するリスクを高めるため、権威主義体制が崩壊する機会を高めることが示されている[24]。しかし、暴力的な抗議運動は民主化の機会にとくに明確な影響を与えるわけではない。もし民主化の移行に対する暴力的な抗議運動の効果をみるだけであれば、そこにはほとんど関係性がみられず、暴力的な抗議運動は権威主義体制を不安定化させないと間違って結論づけることになるだろう。

第二に、もし民主化を引き起こす要因を特定するのに関心を持ちつつも、結局、すべての権威主義体制が民主主義に帰結すると考えるならば、逆の問題に陥る。新たな独裁への移行に影響を与える要因と、民主主義への移行に影響するそれとが混同されるリスクがある。それらの要因は、両方ともが影響を及ぼす場合もあるが――抗議運動の例が示すように――、それを当然視することはできない。ここでの政策含意は明白である。外からの圧力は、悪名高き権威主義体制の崩壊を急かすかもしれないが、だからといって決して、民主主義的な後継体制が保証されているということにはならないのである。

民主化とは何か?

民主化はほかのタイプの政治システム――たいていが独裁――から、実質的に民主主義的な政治システムへと移行するプロセスである。それゆえ、いつ民主化が生じたのかを特定するには、何をもってある国を民主的とみなすかに関する操作的定義が必要になる。

民主主義の定義には多様な方法があるが、ここで使用した定義――この章で参照した多くの研究でも同様である――は手続き的な定義である。その意味で、民主主義は市民が自由で公正な選挙戦を通じて自分たちの政府を選ぶ政治システムである。[25] 選挙の実施は民主的なルールの必要な構成要素のひとつであるが、それだけでは十分ではない。世界の多くの国々は普通選挙を実施している。民主的といえるためには選挙での競争が自由で公正でなければならない。たとえば、ほとんどの成人市民が投票でき、最重要の政治ポストをめぐって実質的な競争があり、自分たちの代表者を誰にするかという選択肢が真に提供されているといったような具合にである。

民主主義の定義によっては、選挙における競争性だけでなく、政府が市民の利益を代表しているか、政府が市民に対して説明責任を果たしているかどうかも含む。もちろん、代表性や説明責任が規範的観点から望ましいということに多くが同意するのは確かであろう。だが、それらは民主主義を担保するものではない。実際、多くの権威主義体制は、誰が自分たちを代表するかについて実質的な発言権を国民に与えることなく、そういった分野で良い成果を上げることができる。こうした問題は、手続き的な定義で回避することができる。

国家横断的に民主主義を測定する多くのデータセットは、何かしらの手続き的な定義を使用しているが、それらは相互に高い相関関係にある（平均で約八五％）[26]。もちろん、一定数の専門家が合意しない事例もある。ボツワナは注目すべき事例である。ほかの多くの研究のように、本書ではボツワナを一九六六年の独立以来、権威主義国であると分類しているが、同時期のボツワナを民主主義国とみなす研究もある。この事例での論争の中心は、この国の選挙では、野党への公的支援もなく、同じくメディアへのアクセスも許さず、また選挙制度も現職のボツワナ民主党に有利であるにもかかわらず、それでも野党に、平等な競争の場が実質的に与えられていると考えることができるか否かという点である[27]。ボツワナの選挙は自由であるかもしれないが、それが公正であるか否かは議論の余地がある。しかし、大多数のデータセットでは、こうした民主主義国の分類に際する大きな不一致はほとんど起こらない。

しかし、具体的に民主主義への移行を測定することはかなり難しい場合が多い。まず、民主主義への移行は、自由公正な選挙の実施にいたるまでは完全ではない。既存の体制を崩壊させる方法は（クーデタや民衆蜂起など）選挙ではないかもしれないが、その後いずれかの段階で民主的な選挙が実施されなければならない。とりわけ、選挙戦が自由かつ公正であったとお墨付きを与える国際選挙監視団が冷戦後に普及したことを考慮すると、ある国が民主化したかどうかを評価するのはかなり簡単なことであるはずだ。しかしその一方で、民主主義への移行の正確なタイミングを特定しようとするとき、意見の不一致が生じてくるだろう。たとえば、チリにおける民主化の時期をパトリシオ・エイルウィンが大統領選で勝利した一九八九年とする観察者もいれば、それが起こったのは、アウグスト・ピノチェトが実質的に権力から退いた一九九〇年だとする者もいる。通常そのような不一致は些細なもの（一つのデータセットは移行をある年に起こったとみており、ほかのデータセットはその翌年に起こったとみている）であったとしても、それは結果的に、民主主義への移行を特定するデータセット間での一致度を低め、それゆえ、民主化論の内部に矛盾した結論を残すことになる。[28]

民主化は政治的自由化と同じか？

「民主化」と「政治的自由化」という言葉はしばしば互換的に使用されるが、これらは別個のプロセスを指す。[29] 政治的自由化は、「ある政治システム内での政治をより参加的にかつ／もしくは競合的にするようなあらゆる変化」と定義される。[30] そうした変化は、民主主義への移行の一部として生じるかもしれないが、そうならない場合もある。よく確立された権威主義体制における政治的自由化を、われわれは頻繁に目にする。たとえば、一九九〇年のコンゴ民主共和国（旧ザイール）においてモブツ・セセ・セコが複数政党制による選挙競争を導入したが、一九九七年に彼が追放されるまでは事実上、権威主義体制が継続した。また、アメリカが一九七一年の憲法改正を通して、参政権を一八～二〇歳の市民へも拡大したように、長年の民主主義国においても政治的自由化をみることがある。政治的自由化はさまざまな政治的文脈において生じうるが、そのうちの一部だけが民主主義への移行の現われである。民主化は政治的自由化を示唆するが、政治的自由化は民主化を示唆するとは限らない。

民主化と政治的自由化を混同するのが危険なのはなぜか？

民主化と政治的自由化を混同することは危険である。なぜなら、しばしば政治的自由化の兆候と考えられる多くの改革が、むしろ権威主義体制の強化と結びついているからである。ほかの章で議論したように、多くの権威主義体制では、歴史的に典型的な民主主義体制の証とみられたものと同じ制度――選挙、政党、議会など――が取り入れられているが、それらは決して民主主義的な目標のために利用されるわけではない。それらの制度やほかの擬似的な民主制度によって、反対派はより容易に組織化や操作や動員を行なうことができるかもしれないが、それは同時に、権威主義体制が自らの脅威により効果的に対処するのに利するという代償を払うことにもなる。たとえば、複数政党による選挙があることで、権威主義体制はライバルの政治家や市民の選好を学ぶ機会を得ており、この情報が権威主義体制の存続に大いに資するという多くの証拠がある。(31)

むろん、政治的自由化が権威主義体制に反対する人びとに何の利益ももたらさないということではない。多くの人びとにとって、権威主義体制に挑戦するうえでは、より参加機会が多く、競合性の高い政治環境のほうが、そうでない環境よりも望ましいだろう。たとえ擬似的な民主制度が民主化を阻止するものだとしても、市民たちはそのような自由化には価値があると考えるかもしれない。

ときとして、政治的自由化を確立する改革が、民主主義への移行にはいたらないにせよ、民主化への真摯な努力を反映していることがあるのも事実である。たとえばブータンでは、二〇〇二年に行なわれた同国初の地方選挙で、当時支配していた君主が、その後数年のうちに権力から退き、ブータンを民主主義に移行させることを企図したことが知られている[32]。しかし、歴史の後知恵なしに、そうした行動の真意を見極めるのは難しい。たとえばミャンマーでの二〇一五年の選挙は、数十年続いた軍事支配の民主化の兆候として早くからみなされていた。しかしその後、さまざまな動き――ロヒンギャに対する民族浄化運動がエスカレートするなど――がみられるようになったことで、軍が依然として政治的に強力であることが判明し、多くの人が見方を変えようとしている[33]。

これらの理由から、権威主義体制における政治的自由化は、その体制の民主主義的な性質を高めるために行なわれると仮定する前に、われわれはいったん立ち止まってよく考えるべきである。政治的自由化は、差し迫った民主主義の移行を示唆するものではなく、むしろそれを阻止するために働くかもしれない。

擬似的な民主制度は民主化の機会に影響を与えるのか?

こんにちの権威主義体制は、政党、選挙、議会のような民主主義的とみられる制度を組み込むことをとりわけ好む。本章前半で論じたように、専門家らの大半は、これが、民主化への本気の取り組みを反映しているというよりも、権威主義体制の生存戦略のもくろみの一部であるとみなしている。そして実際、ある証拠によれば、擬似的な民主制度を特徴として持つ権威主義体制は、そうした制度を持たない権威主義体制よりも長く権力の座にとどまるという[34]。

擬似的な民主制度を有する独裁は、そうでない独裁よりも耐久性をみせる一方、前者の独裁が崩壊したときには、より民主化する可能性が高い[35]。これは、擬似的な民主制度は権威主義体制の権力維持を助けるが、そうした制度はまた、長い目でみれば、体制をより民主化に有利な道に進ませることを意味する。

現実世界での事例として、PRI政権下のメキシコと国民党政権下の台湾の事例を考えてみる。両方の事例において、体制は定期的選挙を実施し、議会において野党が議席を得るのを許容することで、民主主義的な支配を模倣した。両体制はことのほか長期政権でもあった。PRIは一九一五年から二〇〇〇年まで、国民党も一九四九年から二〇〇〇年まで権力の座を維持した。両事例とも、権威主義体制が崩壊し、民主主義体制がその後を引き継いだ。

移行の特徴は民主化の機会に影響を与えるのか？

権威主義体制が権力を失う移行のあり方は、次に何が起こるかに決定的に影響する。[36] たとえば、権威主義体制が自ら進んで権力から離れるときとは対照的に、権威主義体制が力ずくで追い出されるとき、民主化の機会はかなり低くなる。一九四六年から二〇一四年のあいだ、強制的な転覆（大国の押しつけ、クーデタ、民衆蜂起、反乱などが含まれる）では五分の一しか民主化にいたらなかった。それとは対照的に、あからさまな暴力によらない体制離脱（選挙、支配集団の構成ルールの変更などが含まれる）の例では、四分の三が民主化を達成している。

同様に、体制移行時に暴力があったかどうかは、結果として、民主主義が生じるか否かの重要な予測因子となる。非暴力的な移行の場合、五四％の割合で民主化がその後に続き、暴力的な移行の場合には四〇％である。

これらの基本統計は、暴力的で強引な権威主義体制からの移行は、そうでない移行に比べて、民主化につながる可能性がかなり低いことを示唆している。

権威主義体制のタイプは民主化の機会に影響を与えるのか？

権威主義体制のタイプは、独裁の崩壊に対する脆さの違いや、民主化の機会の違いを説明するのに役立つ。軍事独裁は民主化に推移する可能性がもっとも高く、個人独裁はもっとも低く、支配政党独裁は

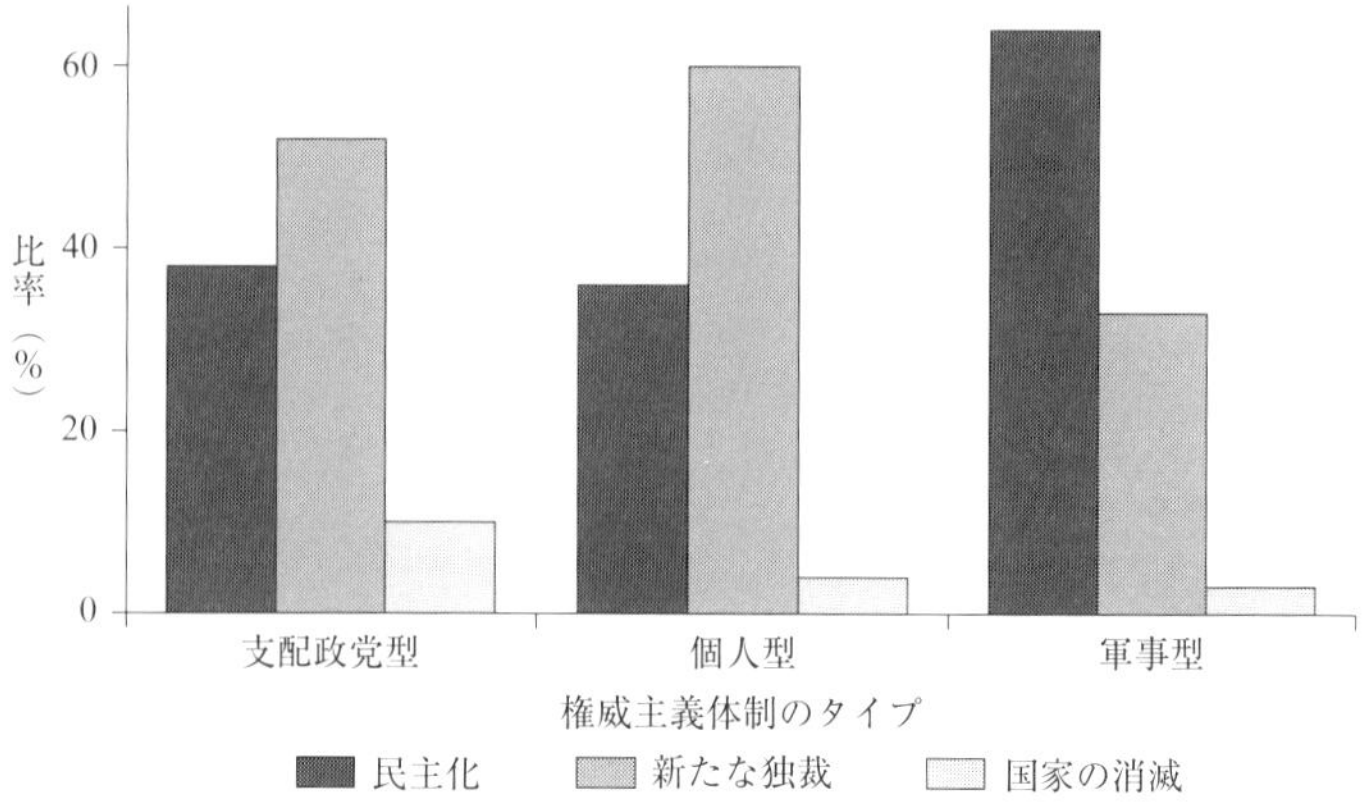

図8－3　タイプ別の権威主義体制崩壊後の帰結（1946–2010年）

その中間である。図8－3は、これらのパターンを示している。軍事独裁の六四％、支配政党独裁の三八％、個人独裁の三六％が権力を失ってから民主化している。

本章前半で知見として得た二つのダイナミズムが、こうした違いを説明するのに役立つ[37]。第一に、ほかの形態の権威主義より、軍事独裁は権力からの身の引き方を交渉する可能性が高い。そのような非強制的な下野はとりわけ民主化を促す。これを示す事例には、統治を続けるべきか否かの国民投票で敗北し、権力から退いた一九八九年におけるチリの軍事独裁、また、大統領の間接選挙で意中の候補が敗北し、一九八五年に権力を退く決意をしたブラジルの軍事独裁が含まれる。両方の事例において、移行の後に民主化が生じた。

第二に、すべての権威主義体制のなかで、個人独裁は最後の最後まで権力にしがみつく可能性がもっとも高い。なぜなら、個人独裁は、もし権力から去れば、投獄、亡命、死のような憂き目に遭いやすいからである。個人独裁はときに権力から放逐されるが、その際は往々にして暴力がともなう。こうした状況は民主化を進展させない。これには多くの事例が当てはまるが、二〇一一年のリビア内戦中でのムアンマル・カダフィの血塗られた権力の剝奪や、一九五九年、キューバでの共産主義の反乱者らの手によるフルヘンシオ・バティスタ体制の転覆などがある。その後、リビアでもキューバでも民主主義は生じなかった。

クーデタは民主化の機会に影響を与えるのか？

軍人がクーデタによって権力を獲得したとき、しばしばそのすぐ後に民主主義への移行を約束する声明を発表する。たとえば、二〇一五年にブルキナファソにおいて、軍部がクーデタによって当時の独裁者であったブレーズ・コンパオレを権力の座から引きずり下ろしたのち、「われわれは権力の座にとどまらない。条件が整いしだい、［文民に］権力を移譲する」という声明を出した[38]。実際に、ブルキナファソでクーデタ後の二〇一五年後半に自由で公正な選挙が実施されたように、軍人がそのような約束を守る事例は存在する。それゆえに、クーデタを民主化の機会ととらえ、「クーデタやその脅威は民主主義促進のための武器となりうる」と論ずる者たちもいる[39]。

実際、ある時点におけるクーデタは、それがなければ起こらなかったであろう政治改革を推し進めることによって、権威主義体制の民主化確率を高めている。いわゆる民主化クーデタは、軍部が大統領府を占拠し当時の大統領のタンジャ・ママドゥが失脚した二〇一〇年のニジェールのように、多くの場所で生じている。ニジェールでは続いて軍人たちが民主主義回復のための最高議会を確立し、その翌年に行なわれた民主的選挙を監督した。ほかの民主化クーデタの例として一九七四年のポルトガル、一九九九一年のマリ、二〇〇三年のギニアビサウなどがあげられる。

権威主義体制におけるクーデタが民主化につながる政治的変化の機会を生じさせる事例もあるが、たいていの場合、単にリーダーが変更となるか新たな権威主義体制が確立することとなる[40]。一般的に、クーデタの計画者たちは権威主義リーダーを倒し、リーダーもしくは体制ごと新しく差し替えるだけだということが知られている。二〇〇八年のギニア、一九九九年のコートジボワール、一九九六年のニジェールなどを含む多くの事例がこれにあたる。

要約すると、クーデタは独裁が民主化する確率を高める一方で、新たな権威主義体制を生じさせる確率をそれ以上に高める。

天然資源の富は民主化の機会に影響を与えるのか?

天然資源の富と権威主義の耐久性(いわゆる資源の呪いに関する研究の一分野)は、ときに関連していることがよく論じられる[41]。ロシア、サウジアラビア、イラン、アンゴラなどがその事例にあたる。資源の呪いに関する研究は、天然資源の富が民主主義に向かう圧力を減らすことによって権威主義を延命させると論じてきたが、最近の研究でこれにはほとんど根拠がないことがわかっている[42]。むしろ、天然資源が豊富な独裁が長期化するのは、体制が資源による収入を、鍵となる政治アクターの支持調達や、安全保障セクター強化に使用でき、ライバルの権威主義的集団が転覆を図る可能性を少なくするためである。いいかえれば、天然資源の富は、民主化の可能性を減らすのではなく、別の新たな権威主義化の可能性を減らすことによって、既存の体制存続を後押ししている[43]。

中心となるメッセージのひとつが、天然資源の富は権威主義体制を持続させるというものである。ただし、これは必ずしもそのような国の市民が呪われていることを意味しない。たしかに彼らは民主主義下でよりよい生活をおくれたかもしれないが、権威主義がほかの権威主義に何度も引き継がれる国では、市民生活がより悪くなる可能性もある。この例として、二つの政治的現実を比較してみよう。天然資源が乏しいイエメンでは過去数十年にわたりいくつもの権威主義体制を経験し、そこで市民は血みどろの暴力を経験してきたが、その隣国で天然資源が豊富なサウジアラビアは、独立以来一貫して同じ権威主義的君主制によって統治されてきた。

制裁は民主化の機会に影響を与えるのか?

権威主義に課される多くの経済制裁は、リーダーの集団がその支配維持と支持調達に必要な資源を枯渇させることを目的とする。しかし、アメリカのキューバに対する輸出禁止措置のように、カストロ独裁を不安定化させることができない一方で一般キューバ市民に多くの被害を与えた事例や、北朝鮮経済に被害を与えつつも金《キム》一族支配には何ら影響を与えていないようにみえた、北朝鮮核開発に対する長期的国際的制裁などの例があるように、制裁が機能するかどうかについては多く疑問が呈されている[44]。

制裁がますます利用されるようになっていることを考慮すると、それが効果的な外交政策の手段なのか否かは重要な問いである。一九一四年から一九四五年にかけて、制裁の事例はたったの一二件であったが、一九九〇年代にその数は五〇件以上に増加した[45]。

権威主義リーダーの存続に関する制裁のインパクトを検証する研究は、往々にして制裁が独裁者の地位を不安定化させることを示唆するが、他方ではそうでない場合もある。制裁の効果は対象となる権威主義のタイプに左右される。具体的にいうと、制裁は個人独裁に対して使用されたとき、ほかの権威主義の形態に対してよりも、リーダーシップの脆弱性を高める[46]。個人独裁のリーダーは支配を維持するためにパトロネージ・ネットワークにより依存しており、それゆえ、対外的な収入減に対してほかの権威主義リーダーよりも敏感である。制裁によって、支持者買収のための資金が制限されたとき、個人独裁の支配者には代替的な戦略を取るのに必要な制度がない。彼らは抑圧を徐々に強めようとするかもしれないが、これは逆効果で、その支配をさらに脅かすこととなるだろう。こうした理由により、制裁は個人独裁のリーダーの地位を不安定化することができるが、ほかの権威主義リーダーたちのそれを不安定化することはできない。

しかし、リーダーが変わっても体制が変わるわけではないこと、体制変動が民主化にいたるとは限らないことを考慮すると、制裁によって民主化の見込みに影響を与えるかどうかはほとんど何もいえない。この点に関する証拠はさまざまである。制裁によって民主主義を促進した例もあるし、そうではない事例も、逆効果になった事例もある。とはいえ、民主主義のレベルの改善を具体的目標としてなされた民主的制裁が、政治的自由化を高めるという証拠はある[47]。本章前半で論じたように、政治的自由化は民主化を保証するものでは決してないが、政治的自由化によって政治参加と政治競争は促進される。例として、一九九二年に当時のフジモリ大統領が議会を閉鎖し、「自主クーデタ」を進めたのち、アメリカはペルーに対する軍事・経済援助を取りやめるという制裁を課した。ペルーにおける民主化は、汚職スキャンダルでフジモリが権力の座から追われた二〇〇〇年まで生じなかったが、政治的自由化は少なくともフジモリの在任中に進展した[48]。

要約すると、制裁が実際に権威主義体制から民主主義体制への移行の可能性を高めるかどうかについて結論は出ていないが、概して制裁は個人独裁のリーダーを失墜しやすくさせ、とくに民主主義の促進が企図される場合には、政治的自由化の可能性を高めるようである。

対外援助は民主化の機会に影響を与えるのか?

権威主義体制の改革を促す圧力としてよく使用されるもうひとつの対外政策の手段は、対外援助である。対外援助の提供者は、要求した政策を被援助国が履行するのを期待して援助を分配する。統計によると、対外援助額は増加している。たとえば、サハラ以南のアフリカだけみても、一人あたり対外援助額は一九九七年の五〇ドルから二〇〇七年には八五ドルに増えており、当該地域への対外援助配分の合計は二倍以上に増加した[49]。対外援助の対象のほとんどは権威主義体制である。

しかし、改革を促進するための手段としての対外援助は多くの批判にさらされている。結局、西洋からの援助が悪名高い独裁者の権力維持を手助けした事例が多くある。たとえば、旧ザイールのモブツ大統領への支援などである。権威主義体制はその権力維持のために対外援助を巧みに利用することが多くの研究からわかっており、先述の批判を裏づけているともいえる[50]。

一方で、すべての権威主義体制が対外援助を浪費するわけではない。いくつかの権威主義体制はほかのそれよりも適切に、提供国の意図した目的に沿って対外援助を使用することが知られている。とりわけ、支配政党独裁に提供された支援は民主化をもたらす可能性が高い。支配政党独裁における重要な政治アクターは、かりに権力から退いても、選挙で勝てるだけの見込みがある。いいかえれば、権力を手放すコストは彼らにとってそれほど高くないのかもしれない。もし自由化すれば彼らは権力の座に返り咲く機会があるため、対外援助と結びついた圧力によって振り回される可能性が高くなる[51]。

くわえて、対外援助のタイプもさまざまである。冷戦の終結以降、援助国はますます民主化支援という明確な目的のための対外援助額を増やした。アメリカだけでも、民主化支援プログラムの資金は一九九〇年から二〇〇三年のあいだに五三八％ととてつもなく増大したが、一方で支援全体では一九％しか増えなかった[52]。この形態の民主化支援のインパクトを検証した研究によると、実際、政治的自由化をもたらすのにこの援助が効果的だったことが明らかにされている[53]。民主化支援の対外援助は、複数政党制の機会を増やし、選挙不正の発生を減少させる[54]。しかし、本章で議論したすべての理由を勘案すると、そうした改革は権威主義体制の現職者にとってとくに脅威にはならないという点は留意すべきである。

まとめると、民主化促進における対外援助の効果は文脈に大きく依存していることを、証拠は示している。対外援助は、もし支配政党独裁が対象であるならば、民主主義への移行が上手くいく可能性が高い。くわえて、それが政治制度と市民社会の強化に向けて行なわれる場合、政治的な自由度を高める可能性が高い。しかし、この種の援助が民主化の見込みも明確に高めることになるか否かについては、さらなる研究が必要である。

非暴力の抗議運動は民主化の機会に影響を与えるのか？

本章前半で議論したように、多くの抗議運動は権威主義体制を崩壊させないが、それが発生するリスクの基準線は高める。重要なのは、抗議運動が独裁を倒したとしても、その後の民主化への道が常に開かれるわけではないということである。抗議運動が新たな権威主義体制の到来を告げるという証拠には事欠かない。一九七九年のイラン革命はシャー（国王）を追放したが、神権主義者らに権力をもたらした。一九八八年のミャンマーでの大規模な抗議運動は、軍の一派閥を力ずくで権力から離脱させたが、それは結局、別の派閥による支配をもたらしたにすぎなかった。二〇〇五年のキルギスにおける大規模抗議運動も当時の大統領アスカル・アカエフを辞任に追い込んだが、その後、クルマンベク・バキエフの勝利を約束する不正選挙が実施されて終わった。

これらの事例すべてにおいて抗議運動は暴力をともなったが、それは偶然の一致ではない。実際、暴力的な抗議運動は権威主義の崩壊と新しい権威主義への移行の機会を高める。それとは対照的に、非暴力の抗議運動は民主主義への移行の可能性を高める。[55]

フェルディナンド・マルコス政権下のフィリピンでの一連の出来事が、その例である。一九八三年に起こった反マルコス派政治家ニノイ・アキノ殺害事件ののち、一九八六年の大統領選挙で、反マルコス派の人びとは協力してニノイの妻のコラソン・アキノを支えた。マルコスは大規模な選挙不正を通じて勝利したものの、これに対して大規模な大衆抗議運動が発生し、カトリック教会や軍高官などの主要アクターもそれを支援した。[56] この際、コラソン・アキノは群衆に対し、「私は暴力的な革命を要求していない。そのようなときではない。正義のためには非暴力を手段とすることを私は常に示してきた[57]」と呼びかけ、平和的運動の必要性を明確にした。圧力が高まるにつれ、マルコスに忠誠を誓う軍は群衆への攻撃を拒否し、その四日後、マルコスは亡命せざるをえなくなった。まもなくコラソン・アキノは大統領に就任し、早急に新憲法を制定し、新しい議会を立ち上げたことによって、民主的支配の到来を告げた。

どのような抗議運動であれ、権威主義体制崩壊の可能性を高めるが、新体制が権威主義体制か民主主義体制のどちらになるのかは、その暴力のレベルが決定的に重要となるのである。

第9章　結　論

本書であなたは何を学んだか？

筆者は、読者のみなさんが本書からかなり多くのことを学んでくれたことを願っている。本書の意図は、読者が権威主義政治を理解するための足場をより強固にすることである。ここまでに述べられてきたのは、権威主義という文脈で政治がどのように作動するのか、またそれがわれわれの危惧する結果へといかなる影響を及ぼすのかということであった。

第1章では本書の内容を紹介し、主要なテーマを明らかにした。まず、なぜ権威主義が重要となるのかを説明し、権威主義的な支配を学ぶことがいかにやりがいのあることかを強調した。そして「権威主義体制」をはじめとする多くのカギとなる概念を定義し、それらがどのように発展してきたのか振り返った。またこうした作業は、本書の中心的テーマのひとつ、つまり、権威主義政治の分析には長期的な流れを押さえることが大事だといった心構えを生みだす。こんにちの独裁は、過去のそれとは異なったしかたで作動する。歴史上存在した権威主義体制間の多くの共通性を見極めることが重要な一方、現代の独裁に固有の発展プロセスや特徴を明らかにすることも肝要である。

第2章では、続く章への導入として、権威主義政治の基礎的な情報をいくつか示し、そこでは誰が重要なアクターなのか、そしてその主な目的が何なのかを述べた。そこには、これらのアクターがいかに相互作用するのかが含まれ、権威主義支配のダイナミックな特徴に光を当てた。そして、権威主義体制と権威主義リーダーとの違いもさることながら、個々の権威主義体制と、複数の権威主義体制が連なってできる期間との相違も重要であると論じた。たとえばイラクでは、一九三二年の独立から現在まで一貫して権威主義であるが、その間、各々に異なる六つの権威主義体制と一〇人のリーダーが支配した。このように分けるのは、これらの分析単位を混同すると、権威主義体制とそれを支配するリーダーたちの盛衰について間違った理解をもたらしうるからである。

第3章では、いわば権威主義の景色を見渡した。そこでは、第二次世界大戦以降、どこで権威主義が生まれてきたのか、またいまではどこにそれをもっとも見つけやすいのか論じた。現在、四つを除くすべての権威主義体制は、サハラ以南のアフリカ、アジア、または中東や北アフリカ地域を支配している。なぜ権威主義が開発途上国により共通してみられるのか、そして、いつわれわれが民主化の波やその揺り戻しを経験したのかを説明することで、こうした流れについての知見を引き出すことができた。それはまた、長年の衰退を経たのち、いまわれわれが緩やかな権威主義の復興のさなかにいるという証拠にもなっている。こうした動きは、民主主義が独裁へとあからさまに移行しているからではなく、世界的に民主主義体制や権威主義体制のもとで政治的自由のレベルが低下しているからである。

第4章では、権威主義リーダーについて集中的に論じた。権威主義リーダーが体制内の支配権を維持する主な戦略を明確にし、なぜあるリーダーがほかのリーダーより強力に見えるのか説明した。そこでは権力が、一人の個人の手に集まり固定化すること、つまり個人化という現象について議論し、それがもたらす多様な政治的帰結への関心から、個人化が生じる兆しをリストアップした。また、権威主義リーダーがどのように権力の座から降りるのか、その方法がいかに変化してきたか、そして、権力を降りる恐怖が、いま現に権力を持つリーダーの振る舞いにどのように影響を及ぼすのか吟味した。実際、独裁者のなかには、権力から退出した後も平穏な余生を送る者がいる一方、さして幸運でない者もいる。独裁者は、権力の放逐後、自らが逮捕されるか亡命するか殺されることを悟り、最後の最後まで権力にしがみつく。たとえそうすることが、暴力と血に彩られた時代へと自国を突き落とすことになったとしても。

第5章では、各々の権威主義体制が重要な部分でそれぞれ異なるという想定からはじめ、その分類法について論じた。個人型、軍事型、支配政党型、君主型といった本書で依拠する体制類型を提示し、こうしたタイプの違いを知ることでわれわれが各々の重要な政治的帰結を理解できるようになることを明らかにした。また、権威主義体制の類型の分布が時代ごとに変化しており、実際、個人独裁がますます一般化する一方、軍事独裁は稀になっていることを示した。これらの兆候はすべて、こうした流れが続くことを示唆しており、それは二〇一六年のトルコや二〇一〇年のブルンジなど、ここ数年の新しい個人独裁の出現に見いだせる。

続く諸章では、権威主義支配の全軌跡、つまり、権威主義支配者による権力の掌握、それを維持する戦略、さらにその崩壊について詳述した。第6章では、権威主義支配者がいかに支配権を掌握するのか吟味した。歴史的にはクーデタが、新たに権威主義体制を打ち立てるもっともありふれた手段であったが、それも変わりつつある。冷戦の終結以降、現職者が自らの地位を足がかりに統制を強めるタイプの権威主義化が増えており、その頻度はクーデタを凌ぎつつある。本章ではこの力学を説明し、権威主義化を明確に示すものを特定し、いかにポピュリストのレトリックがそうした権力掌握につながるのか明らかにした。重要にもこれは、権威主義化が個人主義支配を先導することの証であり、それはすでにトルコやブルンジの例で示したとおりである。

第7章では、権威主義体制の生存戦略、とくに抑圧と抱き込みの戦略に焦点を合わせた。まずこの二つの生存手段を定義し、権威主義体制がこれらを使うさまざまな方法を再検討した。そして権威主義のタイプごとに、その使われ方も多様であることを示した。また、権威主義体制下での抑圧と抱き込みという戦略への依存度が、時とともにいかに変化してきたのかも示した。一例として、ポスト冷戦期の権威主義体制下では、徐々に、かつてのように遠慮なくかつ公然とではなく、より巧妙で曖昧なやり方の抑圧戦術がとられるようになっている。たとえば、単に反対派を逮捕するのではなく、訴訟を駆使して彼らの動きを封じるというやり方である。同じく、こんにちの権威主義体制のもとでは、さまざまな抱き込み方法が駆使される。使われる戦術のバリエーションは、潜在的な挑戦者の支持を確保するものから、従順な支持者を動機づけるものまで多様であり、市民社会団体を取り込むための政府主導の非政府組織（NGO）も含まれる。こうした生存戦略の変化のため、昨今の権威主義体制は、形式だけとはいえ、より民主主義的にみえるようになり、またこれが権威主義の長期化と結びついている。

第8章では、権威主義体制の権力の去り方についての基礎情報を示した。伝統的にもっとも多い崩壊理由はクーデタであったが、冷戦が終わって以降、それは選挙に取って代わられた。民衆蜂起も以前よりは一般的になり、現代の権威主義の失敗事由の五分の一を占めるほどになっている。また本章では、権威主義失墜の可能性を高める重要な要因が吟味される。それは権威主義体制のタイプや経済状況などであり、実際、権力を手放した権威主義体制の約半分が新しい権威主義体制に取って代わられただけであった。いいかえれば、民主的支配がそれに続くとは限らないのである。そこで第8章では、民主化にも焦点を合わせた。いったい民主化とは何で、それに影響を及ぼす要因とは何なのか、政治的自由化一般と民主化との区別を強調しつつ説明した。さまざまな要因が権威主義体制下の政治をより開放的で競合的にすることをわれわれは知っているが、これらの要因が民主化につながりやすいとは、必ずしも想定できないのである。

今後の権威主義研究に何が待ち構えているのか？

権威主義政治については、いまだ解明されていない多くの重要な問いが残されている。第一に、個人支配は増加しつつあり、かつさまざまな悪い帰結とも関連していることが知られている。個人独裁型の権威主義の悪例をいくつかあげれば明らかだが、それらはより頻繁に戦争をはじめ、予測不能な好戦的行動をとり、国庫を盗み、なかなか民主化に踏み切ろうとしない。にもかかわらず、絶対的指導者による独裁が生じる条件についてはほとんど知られていない。これは、どのような条件下で集団指導による独裁が生まれるのかある程度知られているのとは対照的である。たとえば、権力奪取集団がばらばらでそれほど制度化されていない場合は、その後にワンマン独裁が出現しやすくなる。しかしこのタイプの集団と、より構造化や組織化が進んだ集団とでは、支配権の獲得を可能にする要因においてどのような違いがあるのだろうか(1)。

第二に、民主主義が崩壊し、新たな独裁が生まれるもっともありふれた方法のひとつが、権威主義化である。権威主義化を通じて現職者は、自分自身は自由かつ公正に選ばれたにもかかわらず、その民主的な制度をゆっくりと削っていく。そしてこのプロセスの最終結果として権威主義支配ができあがる。こうした乗っ取りは漸進的かつ曖昧に進められるため、反対派がそれに抗して動員をかけるのは難しく、また往々にしてそれは個人独裁になりがちである。したがって、権威主義化を可能とする条件をよりよく理解しておくことがとくに重要になる。たとえば、天然資源が豊かであったり、大統領制を採用していたりといった要因が現職者の乗っ取りの機会を高めるとする証拠もあるが、こうしたダイナミクスやそれ以外にいかなる要因を重視すべきか、さらに追及した研究が必要である(2)。もしこうした争点について新たな知見を得ることができれば、権威主義に関する学術研究間のギャップが埋まるだけでなく、民主主義を壊そうと企む現職者に対峙する反対派や民主主義者たちの戦略にも資することになるだろう。

第三に、こんにちの独裁は、過去数十年のあいだで大いなる進化をみせた。いまや独裁者らは、名ばかりとはいえ、支配を維持する手段としての民主主義にかつてなく順応している。多くの証拠が、実際に彼らが賢くそのように振る舞っていることを示している。たとえば、擬似的な民主制度を備えた権威主義体制は、そうでない体制と比べて、より長く権力にとどまりやすい。擬似的な民主制度を備えた権威主義体制は、権力から退くに際して民主化しやすいが、その民主化には長い時間がかかる。政党、選挙、議会といった制度を採用することで、競争性や参加の増大といったかたちをとる政治的自由化は、政治改革への真摯な努力としてではなく、単に権威主義体制の抜け目なさを映し出すにすぎないこともある。それゆえに、権威主義体制下での政治的自由化の意味を理解するのは非常に難しい。いかなる条件下で、民主主義の到来を告げる政治的自由化が生じるのか？　民主化につながりやすい政治的自由化に特有の兆候があるのだろうか？　独裁者の真意を理解すべく彼の心のなかに入ることは不可能だが、特定の類の自由化が近々に民主化の発生確率を高めていることを検証することはできるかもしれない。

第四に、権威主義体制のなかには、民主化してすぐ新たな独裁に変わるべく崩壊したにすぎない体制もある。エジプトのムハンマド・ムルシィー大統領下の儚い民主主義の経験がまさにそうであり、それは彼を権力に押し上げた二〇一二年の選挙に始まり、彼を放逐した翌年の軍事クーデタで幕を閉じた。エジプトでは民主主義がかなり遅れたという感情があったにもかかわらず（ムルシィーは自由で公正な選挙で選ばれた最初のエジプト人指導者であった）、そうした熱望は早々に打ち砕かれた。たとえば、一九九二年から一九九三年のアゼルバイジャン、一九九三年から一九九六年、そしてふたたび二〇〇五年から二〇一〇年のブルンジ、一九九二年から一九九七年のコンゴ共和国のように、ほかの多くの国々でも民主主義の経験は非常に短かった。新しく確立された民主主義をより持続的なものにするプロセス、すなわち民主主義の定着をよりよく理解しておくことは重要である。われわれはすでに民主主義の定着に好ましい条件についていくらか知っているが[3]、去りゆく権威主義体制の特徴が民主主義の定着に与える影響についてはほとんど知らない。権威主義研究の大半は、民主化のチャンスを高める要因を検証してきたが、それらの民主化が、民主主義が長続きする見込みを高めるのかどうかは精査してこなかった。これらのテーマについて知見を得ることは大いに価値があり、また、新興民主主義国が権威主義に戻るのを防ぐよりよい戦略に道を開くことになるだろう。

これらは権威主義研究で答えられてこなかった問いのほんのわずかであり、ほかにも多くの問いが確かにある。しかし、これらを足がかりとして前進することが、多くのタイムリーで重要なギャップを埋めることに資するだろう。

権威主義体制はすぐさま消えるために現われてくるわけではないとの警句とともに、本書を閉じようと思う。世界人口の約四〇%が何らかの形態の権威主義支配のもとで暮らし、中国共産党体制下だけでもその五分の一を占めている。もっとも控えめな推計でも、権威主義体制は世界の国々の三分の一を占める。冷戦後、たしかにそれは激減したものの、こぞって減り続けているという兆しはほとんどない。したがって、権威主義体制下の政治の動き方をよりよく理解できるようになることが、以前よりもまして重要な課題となっているのである。

解説　変貌する権威主義、適応する独裁者

東島　雅昌

民主主義体制のもとで生活している私たち日本人は普段あまり考えないことなのかもしれないが、世界地図を広げてみると、日本の周りには権威主義体制のもとで国家運営をしている国が非常に多いことにあらためて気づかされる。お隣の韓国や台湾こそ、民主主義体制へ移行して久しいが、北朝鮮は典型的な個人独裁の国であるし、中国は共産党を中心とした支配政党独裁を敷く権威主義体制である。ロシアは複数政党が存在しているが、選挙が与党や現職大統領に著しく有利に操作されているため、冷戦終結後にその数が増大した「選挙権威主義体制」の典型として取り上げられることが多い。

南に目を転じると、ヴェトナム、ラオス、シンガポール、カンボジアといった支配政党が長く政権を維持しつづけている国をあげることができる。くわえて、これら比較的安定している権威主義国家だけでなく、近年、体制変動を経験している近隣国も、少なからず存在している。ミャンマーやマレーシアなど、長期にわたる権威主義体制を維持してきたが、近年になって政治的自由化の機運のさなかにある

国々、あるいは長らく民主主義国とみなされてきたが、政治指導者の強権的手法やポピュリズムにもとづく統治によって「民主主義の後退」が起こっているとみなされるフィリピンやインドといった国々もある。

日本を取り巻く国際環境が、こうした近隣諸国のあり方に強く規定されることを否定するのが難しい以上、権威主義体制の国々がどのような行動原理をもち、その政治と政策がいかなる特徴や傾向をもつのか理解を深めることは、日本に住む私たちにとっても非常に意味のあることだといえるのではないだろうか。

『権威主義』の著者紹介

エリカ・フランツの著書『権威主義』は、まさにこうした権威主義体制を敷く国々とそれらの政治指導者に関して、実証政治学がここ二〇年ほどで積み上げてきた知見を体系的に紹介するテキストの決定版である。

著者は、本書以外にすでに権威主義政治論や体制変動論に関する学部生・大学院生向けの教科書を二冊公刊しており[1]、あるいは『フォーリン・アフェアーズ（*Foreign Affairs*）』誌や『ワシントン・ポスト（*Washington Post*）』紙などに、現代政治における権威主義化の進展や民主主義の後退について比較政治学の知見にもとづいて現状分析を行なった論考をしばしば寄せている。これらの媒体をつうじ、権威主義体制論の分野で蓄積された興味深く重要な知見について、フランツは古今東西のさまざまな事例を縦横無尽に織り交ぜながら、非専門家にわかりやすく発信する卓越した手腕をもっている。

日本においても、近年、比較政治学者や地域研究者によって権威主義体制の政治が盛んに研究されるようになってきたが、日本語による出版物の多くは専門書、あるいは学会誌での特集やそこに掲載された研究論文にとどまっており、管見のかぎり、いまだ一般向けの書物はほとんどない[2]。しかしながら、すでに述べたとおり日本を取り巻く国際環境に鑑みて、権威主義政治への理解を深めていくことは重要なことのように思われる。今回、本書が訳者の方々の手による読みやすい翻訳をつうじて日本語で出版され、権威主義政治に関する体系的データと緻密な分析に裏づけられた知見が日本の読者の目にとまるきっかけを生み出したのは、とても意義深いことである。

また、こうした権威主義政治論や体制変動論の知見を紹介する「スポークスマン」としての役割だけではなく、フランツは同分野の第一線の研究者として政治学のトップジャーナルや欧米の大学出版局より、その研究成果を旺盛に発表してきた。とりわけ、権威主義体制を研究する世界の政治学者が広く参照し、過去二〇年の権威主義体制研究の発展に多大な貢献をなした「権威主義体制データセット(Autocratic Regime Data Set)」プロジェクトの研究チームの一員であり、比較政治学の花形ともいえる体制変動研究のフロンティアを開拓してきた[3]。本書にも、このデータセットにもとづいてフランツとその共同研究者たちが行なってきたこれまでの研究の成果がふんだんに盛り込まれており[4]、彼女の権威主義国家のさまざまな事例に関する幅広い知識と相まって、本書は単なる研究論文の紹介という範疇を超え、権威主義体制研究の最新知見と現実政治の分析・応用をみごとにマッチさせ、広範な読者を得ることができるように思う。

なお、本書はオックスフォード大学出版局の非専門書シリーズである「みなが知る必要のあること

（What Everyone Needs to Know）」から公刊されている。同シリーズの本はすべて各節のタイトルが問いかけではじまり、本文の内容はその問いに直接対応する形式をとっている。本書の目次をご覧になればわかるとおり、読者が「権威主義」というトピックに関して疑問に思った事項を見つけて、政治学者たちがそれらの問いにどのように答えてきたのかがすぐにわかる、という親切な仕組みになっている。

以下、本書の特色についていくつか取り上げ、内容に関わるいくつかの重要な論点を私なりの視点から解説していきたい。

『権威主義』の議論の特徴

本書の議論の第一の特徴として指摘すべきは、政治体制の変動（権威主義体制から民主主義体制への移行〔民主化〕やその逆〔権威主義への移行〕）、政治指導者を支える支配集団の交代（「支配集団の構成ルールの変更」）、そして政治指導者の交代の三つの概念を明示的に分けて分析していることである(5)。この区別は一見些末に思えるかもしれないが、権威主義政治の変化を重層的に考えるうえでとても重要な意味をもつ。これら三つの政治変動は、たしかに重なる場合もある。たとえば、一九八六年のフィリピンにおける民衆蜂起を通じた「ピープルパワー革命」によるマルコス政権の崩壊とその後の民主的なアキノ政権の成立は、民主化（政治体制変動）＝マルコスを中心としたエリート・グループからアキノを中心としたエリート・グループへの支配集団の変化（支配集団の構成ルールの変更）＝マルコスからアキノへのリーダーシップの変化（政治指導者の交代）の三つの変化をすべて含むものである。

他方、支配集団と指導者には変化があるものの、政治体制は依然として権威主義体制のままであるケースや（たとえば、ミャンマーの一九八八年の民主化運動によるネ・ウィン軍事政権の退陣と、その直後の軍事クーデタによる新たな軍事独裁の成立）、支配集団にも政治体制にも変化はないが、政治指導者だけ交代するケース（たとえば、ベネズエラにおけるウーゴ・チャベスの死去と、それにともなうニコラス・マドゥロへの指導者交代）など、別のパターンも考えられる。

このようにして、権威主義政治にまつわる三つの変化を明示的に区別することで、どのような要因が権威主義体制の崩壊（支配集団の変化）や指導者交代を促し、さらにいかなる要因が揃えば、指導者交代や権威主義体制の崩壊が民主化へと結びついていくのか別個に分析していくことが可能になる。このような区別は、「アラブの春」やソ連邦の崩壊とそれにともなう「民主化革命」など、大きな政治変動のうねりが起こった局面で、大衆蜂起がクローズアップされて民主化への期待とユーフォリズムがしばしば強調されるが、そうした権威主義体制の崩壊と指導者交代が必ずしも民主化へと結実するわけではない事実を分析するうえでも、重要な含意をもつことになる。本書は、この区別を基礎として、民主化や権威主義への移行の要因・権威主義体制崩壊の要因・独裁者交代の要因について、それぞれ別個に検討する構成をとっている。

つぎに、本書の第二の特徴としてあげられるのは、第二次世界大戦後から現在までの世界に存在した権威主義体制をカバーする「権威主義体制データセット」を利用し、グローバルな視点から比較をしつつも、同時に時代ごと地域ごとに異なる権威主義体制の特徴を抽出している点である。こうした時代ごと地域ごとの傾向や変化を見ていくだけでも、権威主義体制に無視できない地域的多様性が存在する事実、そして権威主義体制の統治のあり方が時系列的にダイナミックに変化している事実を確認することができる。

たとえば、冷戦期には権威主義体制の多くはラテンアメリカ、ヨーロッパ、中東・北アフリカ、サハラ以南のアフリカに数多く存在していたが、冷戦終結後から現在にかけて権威主義体制の多くを占める地域として、サハラ以南のアフリカと中東・北アフリカに加えて、アジア（とくに、東アジアと中央アジア）が上位にランクインするようになった事実が示されている（本書、六〇～六二頁）。日本が権威主義体制の国々に囲まれているという本稿冒頭での観察は、単なる印象論では必ずしもなく、現代の東アジアは他の地域と比べても権威主義体制の強靭性が顕著に見られる地域である事実を、本書をつうじてはっきりと確認することができるのである。

変貌する現代の権威主義

こうした異なる地域や時代の文脈を考慮に入れて権威主義政治のニュアンスを抽出する作業は、先に述べた権威主義体制における三つの政治変動の区別と組み合わされることで、過去と比較した近年の権威主義体制の特徴を鮮やかに描き出している。

まず、権威主義リーダーの権力の座からの退出経緯の違いに関する分析では、冷戦期には体制内部からのクーデタによる権威主義リーダーの交代が多くを占めていたが、冷戦後は反乱や民衆蜂起など体制外部のアクターが主導する権威主義リーダーの交代が、その比率を増加させている傾向にあることが示唆されている（七七～七九頁）。二〇〇〇年代中盤に旧ソ連地域を中心につぎつぎと起こった「カラー革命」は、こうした「下から」の権威主義リーダー放逐の典型例である。こうしたリーダーの権力の座からの退出パターンの変化は、フランツも示唆するように、権威主義リーダーがどのような統治戦略をとるべきかについても変化を促していると考えられる。

つぎに、権威主義体制の成立のしかたの違いに関する分析も、冷戦期とポスト冷戦期の間の違いを浮き彫りにする（一一三～一一五頁）。冷戦期には、クーデタをつうじて独裁者が打倒され、新たな独裁者が生まれるという傾向が強かった。他方、ポスト冷戦期になると、民主的選挙で勝利した政治指導者がその後大統領任期の延長・撤廃や憲法改正、メディアや野党の政治的抑圧を強化して徐々に権威主義化することで、民主主義体制から権威主義体制へと移行するケースがより多くみられるようになった。ベネズエラのチャベス政権やトルコのエルドアン政権がその典型であるといえる。

また、民衆蜂起や反乱などによって既存の独裁者が打倒された後であっても、その後、公正で自由な選挙を実施して民主主義体制へと移行するわけではなく、新たな権力者集団による権威主義体制が生まれる傾向も、ポスト冷戦期には大きくなっていることが示唆されている。先に述べたセルビア、ウクライナ、ジョージア、クルグズスタン（キルギス）における「カラー革命」後、これらの多くの国ではその後に劇的な民主化を成し遂げることのできなかった事実は、このような観察と一致している。

これらの傾向は、近年の権威主義体制はクーデタなど突発的・一時的な政治暴力が発動されて成立するというよりも、漸進的・長期的な政治的締め付けの強化により徐々に立ち現われる事実を示している。そして、大衆による抗議運動がより頻繁に権威主義リーダーを放逐するようになったといっても、そうした民衆の力が必ずしも政治体制の民主化に結びつくわけではないこともわれわれに教えてくれる。

冷戦後の世界に適応する独裁者

さらに本書が見いだす発見として興味深いのは、権威主義体制のタイプ（軍事独裁、支配政党独裁、個人独裁、君主独裁）をめぐる近年の変化である（一〇五～一〇八頁）。すなわち、個人独裁型の権威主義体制が冷戦後、より大きな比率を占めるようになってきている。冷戦期には軍事独裁が数多く存在していたが、ポスト冷戦期にはほとんどみられなくなった。支配政党独裁は、ポスト冷戦期においてももっとも大きな比率を占める権威主義体制であるが、その比率は時を経るごとに急速に減少している。軍事独裁や支配政党独裁は、軍や政党の幹部が政策決定やリーダー選出に関して一定の影響力をもっている。つまり、独裁者と体制エリートのあいだの集合的な意思決定の仕組みをかなりの程度制度化している権威主義体制である。また、中国共産党などに典型的にみられるように、支配政党独裁はしばしば草の根の党員組織を網の目のように張り巡らせており、高度に体制を組織化している。これら制度化された権威主義体制の比率が減り、制度化の度合いが低く独裁者個人に権力が集中する個人独裁の比率が増加しているという事実は、本書の分析も示唆しているように、近年の権威主義体制の体制運営や政策形成がより不確実性を増し、独裁者個人の意向がそれらにより大きく影響するようになってきていることを暗示している。

一方において民衆蜂起など体制外部からの脅威がより大きなものとなり、他方において政治的支持動員を十分組織化できない権威主義体制が増えているというポスト冷戦期の権威主義体制の特徴は、権威主義体制の統治のあり方にどのような影響を及ぼすのであろうか。フランツは、こうした制約のもとで近年の権威主義リーダーは、大衆の反発を引き起こすリスクが高く、高度な組織力を必要とする反体制派の大量殺害や投獄・暗殺といった「あからさまな暴力」（「高烈度の抑圧」）を用いるよりも、法律を巧みに操作・解釈して表現・結社・集会の自由といった種々の自由を制限したり、ソーシャルメディアなど新たな情報ツールを用いて反対派の監視を強化して無言の圧力を加えるなど、より間接的かつ目に見えないかたちで反対派の活動を抑制する統治戦略（「低烈度の抑圧」）に依存するようになってきたと結論づけている。また、政府のさまざまな役職、国会や地方議会の議員の地位など、体制のレントにありつく機会を反対派に提供することで彼らを体制内に引き入れる「抱き込み戦略」が、より頻繁にみられるようになってきたことも指摘している。

つまり、冷戦後の民主化にむけた国際圧力の高まり、複数政党選挙の実施や国際選挙監視団の招聘の普及も背景となって、権威主義体制はわれわれがしばしばステレオタイプとして描くような強権的で剝き出しの暴力を組織する専制というよりも、法律を巧みに利用し反対派の活動をさまざまな方法で規制し、ときには彼らを味方に引き入れることによって体制への脅威を減じさせようとするような、柔軟かつ狡猾な統治のあり方へ順応しているといえる。いいかえれば、権威主義体制の指導者も冷戦終結後の種々の制約に適応していくことで、自らの生き残りの見込みを高めようと腐心していることが、このような統治戦略の変化から読み取ることができる。

変貌する権威主義が現代民主主義にもつ意味

こうした権威主義世界における独裁者の巧みな統治手法から、民主主義世界において「民主主義の後退」を進めるポピュリストの政治指導者たちが何も学ばないと考えることは、非常に難しいだろう。(6) フランツも指摘するように、冷戦後の世界で増加するようになった、自由選挙後に権威主義化を進めて成立する権威主義体制は、メディアへの嫌がらせや規制、裁判所・選挙管理委員会・中央銀行・諮問機関といった専門家機関の人事権に対する政府の介入、選挙法の巧みな操作、訴訟と法律による市民社会や反対派の制限などをつうじて、徐々に反対意見に圧力を加えて権力への忖度の余地をつくりだし、最終的には憲法改正で現職首長の任期延長や撤廃を行なうことで成立する（一一七〜一二〇頁）。

これら一連の手法は、まさにこれまで論じてきた権威主義体制の独裁者が冷戦終結後多用するようになった統治手法に、酷似しているのである。こうした手法は、あからさまな暴力をともなわないがゆえに耳目を集めにくく、したがってどこから「民主主義の後退」がはじまったのか共通の理解を形成することが難しく、さらには状況判断に関する見解の相違から反対派内部をも分断しかねない。ひとつひとつゆっくりと民主主義を守る外堀が埋められ、気づいたときには民主主義が後戻りできないほど切り崩されてしまった、という事態にもなりかねないことは、本書でもしばしば言及されたベネズエラやトルコの例からも示されていることである。

フランツの『権威主義』が描く現代の権威主義体制の姿は、権威主義体制の国々に囲まれた日本がどのようにしてこれらの国々を理解し付き合っていくべきなのかについて、われわれに多くの示唆を与えてくれる。それに加え、われわれの民主主義はどのようにして守られていくべきなのか、理論と実証の双方の観点から重要な教訓を示しているように、私には思えるのである。

注　記

（1）Natasha Ezrow and Erica Frantz, *Dictators and Dictatorships: Understanding Authoritarian Regimes and Their Leaders*（New York: Continuum, 2011）; Andrea Kendall-Taylor, Natasha Lindstaedt, and Erica Frantz, *Democracies and Authoritarian Regimes*（Oxford: Oxford University Press, 2019）.

（2）例外として、粕谷祐子『比較政治学』（ミネルヴァ書房、二〇一四年）と久保慶一・末近浩太・高橋百合子『比較政治学の考え方』（有斐閣、二〇一六年）の権威主義体制の政治に関する章をあげることができる。

（3）データセットについては、彼女のホームページを参照（https://sites.google.com/view/ericafrantz/data?authuser=0　二〇二〇年一〇月六日アクセス）。

（4）権威主義体制の政治・体制変動論の分野で二〇本近い査読雑誌論文を公刊しており、そのリストは彼女のホームページで確認することができる（https://sites.google.com/view/ericafrantz/journal-articles?authuser=0　二〇二〇年一〇月六日アクセス）。また同データセットとその後継版を用いた近年の代表的な研究書として、Bargara Geddes, Joseph Wright, and Erica Frantz, *How Dictatorships Work: Power, Personalization, and Collapse*（Cambridge: Cambridge University Press, 2018）をあげることができる。

（5）この区別は、フランツの師匠筋であるバーバラ・ゲデス（Barbara Geddes）による主張を基礎としたものである。

（6）民主主義国のポピュリスト政治家たちが、ほかの民主主義国のポピュリスト政治家の用いる統治手法を模倣するという可能性も、もちろん存在する。

訳者あとがき

本書は、Erica Frantz, *Authoritarianism* (What Everyone Needs to Know), New York: Oxford University Press, 2018 の全訳である。

本書を翻訳する発端は、訳者のひとりである今井が代表を務める科研費補助金・基盤研究(B)「西洋化と民主化のリンケージを阻む諸要因に関する比較分析(課題番号 18H00821)」研究会にある。この科研メンバーである私たちは、近年の「民主主義の後退(=権威主義化)」について検討するうえで「権威主義」について学び直す必要性を痛感していた。そこで上谷が本書を見つけ、今井、そして比較政治学を専門とする中井にも声をかけ、翻訳してみてはどうかという話になった。

また、訳者三名とも、本務や非常勤講師として、大学で比較政治学や国際関係論など教える機会を得ているが、近年、世界で「民主主義の後退」がますます進み、講義でも「権威主義」や「独裁」(そして「ポピュリズム」)に言及する頻度が増えている。それにもかかわらず、そもそも、現代の「権威主義」体制の多様な実態を初学者にもわかりやすく解説した和書が存在しないことから、みな教える際に難渋していた。

むろん、「独裁」や「ファシズム」や「全体主義」に関しては、これまでも、また現在でもときおり、政治思想や歴史学的な研究書や翻訳書が出版されている。しかし、権威主義（体制）をストレートにかつ学術的に扱った書籍は、一九九五年に翻訳出版されたJ・リンスの『全体主義体制と権威主義体制』（高橋進監訳、法律文化社刊。ただし、原典の初出は一九七五年！）がほぼ最後である。まして、本書の「解説」にもあるとおり、最近の比較政治学の分野では、この種の体制を理論的かつ実証的に精緻に論究する研究が増大しており、新奇かつ信頼性も高い知見や情報が日々蓄積されているにもかかわらず、である。この点で本書は、コンパクトでありながら、こうした近年の研究成果にも目を配りつつ、現代の権威主義をめぐるさまざまな論点を網羅しており、右のような私たち訳者の「悩み」を解消してくれるものだと感じられたのである。

そこで、実際、翻訳および出版についてアジア経済研究所・成果発信アドバイザーである勝康裕氏に相談したところ、同氏も日本で権威主義に関する良書が少ないという問題意識をお持ちであることがわかり、その後話がトントン拍子に進んだ。また、せっかくの良書を日本の皆さんに紹介できるのであれば、これを機に、現代の「権威主義」についてより深く理解してもらいたいとの思いも湧いてきた。そうしたことから、このテーマについて造詣が深く、また原著者のフランツとも長年交流のある東島雅昌氏に「解説」の執筆をお願いすることにした。

翻訳にあたっては、当初、それぞれの担当章はあったものの、最終的には全員がすべての章に目を通し、手を入れている。また、訳出には何度もオンライン会合やメールを通して協議を重ねたことからも、本書は文字どおり三人の共訳といえる。「和訳文を読むだけで理解できる翻訳書を作る」をモットーとしつつ、細心の注意を払って訳出したつもりであるが、思わぬ誤訳などがあるかもしれない。その責任は、すべて私たちにあることは言うまでもない。

最後に、白水社とのあいだを取り持ってくださり、当初より、訳語のチェックから文章表現に至るまで懇切丁寧に草稿に目を通して頂いた勝氏の的確なアドバイスと叱咤激励がなければ、本書の刊行にはもっと時間がかかっていたことだろう。勝氏には感謝の言葉しかない。また、白水社編集部の竹園公一朗氏には本書の翻訳をご快諾頂き、刊行まできわめてスムーズに作業を進めて頂いた。重ねて感謝申し上げる。

本書が日本の読者の皆さんの「権威主義」や「権威主義化」への理解の向上に少しでも貢献することができれば、望外の喜びである。

二〇二〇年一二月一八日

訳者一同

白水社の本

■カス・ミュデ、クリストバル・ロビラ・カルトワッセル
永井大輔、髙山裕二訳

ポピュリズム
デモクラシーの友と敵

移民排斥運動からラディカルデモクラシーまで、現代デモクラシーの基本条件としてポピュリズムを分析した記念碑的著作。森本あんり氏、水島治郎氏推薦！

■ダニ・ロドリック　岩本正明 訳

貿易戦争の政治経済学
資本主義を再構築する

ポピュリズム的ナショナリズムと高度産業社会に充満する不安を理解するための必読書。フランシス・フクヤマ、ラグラム・ラジャン推薦。

■ダニ・ロドリック　柴山桂太、大川良文 訳

グローバリゼーション・パラドクス
世界経済の未来を決める三つの道

ハイパーグローバリゼーション、民主主義、そして国民的自己決定の三つを、同時に満たすことはできない！　世界的権威が診断する資本主義の過去・現在・未来。

■ジョージ・ボージャス　岩本正明 訳

移民の政治経済学

労働市場に与えるインパクトから財政への影響まで、移民をめぐる通説を根底から覆す記念碑。

■デイヴィッド・ランシマン　若林茂樹 訳

民主主義の壊れ方
クーデタ・大惨事・テクノロジー

デモクラシーの終焉はいかに起こる？　ケンブリッジ大教授がクーデタ・大惨事・テクノロジーという観点からリアルな姿を見詰め直す。

権威主義

独裁政治の歴史と変貌

二〇二一年一月二〇日　印刷
二〇二一年二月一〇日　発行

著者　エリカ・フランツ
訳者©　上谷直克
　　　今井宏平
　　　中井遼
編集　勝康裕
発行者　及川直志
印刷所　株式会社理想社
発行所　株式会社白水社

東京都千代田区神田小川町三の二四
電話　営業部〇三（三二九一）七八一一
　　　編集部〇三（三二九一）七八二一
振替　〇〇一九〇・五・三三二二八
郵便番号　一〇一・〇〇五二
www.hakusuisha.co.jp
乱丁・落丁本は、送料小社負担にてお取り替えいたします。

株式会社松岳社

ISBN978-4-560-09821-9
Printed in Japan

著訳者紹介

著　者

エリカ・フランツ（Erica Frantz）

2008年，カリフォルニア大学ロサンゼルス校（UCLA）で政治学の博士号を取得。現在，ミシガン州立大学政治学部准教授。ラテンアメリカを事例として，民主化や権威主義体制の移行の研究で名高いバーバラ・ゲデス（Barbara Geddes）のもとで学んだフランツは，独裁と権威主義の研究に的を絞り，近年，多くの学術論文と学術書を精力的に執筆している。主な共著に，*The Politics of Dictatorship: Institutions and Outcomes in Authoritarian Regimes*（with Natasha Ezrow; Boulder, Colo.: Lynne Rienner Publishers, 2011），*How Dictatorships Work*（with Barbara Geddes and Joseph Wright; Cambridge: Cambridge University Press, 2018），*Democracies and Authoritarian Regimes*（with Andrea Kendall-Taylor and Natasha Lindstaedt; Oxford: Oxford University Press, 2019）などがあり，今回の訳書はフランツの初めての単著である。

解　説

東島 雅昌（ひがしじま まさあき）

1982年生まれ。早稲田大学政治経済学部卒業，ミシガン州立大学Ph.D.（Political Science）。現在，東北大学大学院情報科学研究科准教授。専門は，比較政治経済学，政治体制変動，権威主義体制，中央アジア政治。近著に，*The Dictator's Dilemma at the Ballot Box*（Ann Arbor: University of Michigan Press, *forthcoming*），主な論文に，"Economic Institutions and Autocratic Breakdown"（with Cristina Bodea and Carolina Garriga), *Journal of Politics* 81（2）（April 2019),「選挙権威主義からの民主化――議院内閣制の脅威？」（粕谷祐子との共著）日本比較政治学会編『競争的権威主義の安定性と不安定性』（ミネルヴァ書房，2017年）など。

訳　者

上谷 直克（うえたに なおかつ）

1971年生まれ。早稲田大学大学院政治学研究科博士後期課程単位取得退学（政治学・修士）。現在，JETROアジア経済研究所地域研究センター・ラテンアメリカ研究グループ副主任研究員。専門は，政治経済学，ラテンアメリカ政治。編著に『"ポス

ト新自由主義期”ラテンアメリカにおける政治参加』（アジア経済研究所，2014年），主な論文に，「新自由主義の功罪と“左傾化”――背景と実際」村上勇介・仙石学編『ネオリベラリズムの実践現場――中東欧・ロシアとラテンアメリカ』（京都大学学術出版会，2013年），「『競争的権威主義』と『委任型民主主義』の狭間で――ラテンアメリカの事例から考える」日本比較政治学会編『競争的権威主義の安定性と不安定性』（ミネルヴァ書房，2017年）など。

今井 宏平（いまい こうへい）
1981年生まれ。中央大学大学院法学研究科政治学専攻博士後期課程修了（政治学・博士），トルコ中東工科大学国際関係学部Ph.D.（International Relations）。現在，JETROアジア経済研究所地域研究センター・中東グループ研究員。専門は，国際関係論，現代トルコの政治と外交。主な著作に，『中東秩序をめぐる現代トルコ外交――平和と安定の模索』（ミネルヴァ書房，2015年），『トルコ現代史――オスマン帝国崩壊からエルドアンの時代まで』（中央公論新社，2017年），*The Possibility and Limit of Liberal Middle Power Policies: Turkish Foreign Policy toward the Middle East during the AKP Period（2005–2011）*（Lanham: Lexington Books, 2017）など。

中井 遼（なかい りょう）
1983年生まれ。早稲田大学大学院政治学研究科博士後期課程修了。博士（政治学）。現在，北九州市立大学政策科学科准教授。専門は，比較政治学・東欧政治。主な著作に，『デモクラシーと民族問題――中東欧・バルト諸国の比較政治分析』（勁草書房，2015年），主な論文に，“Does Electoral Proximity Enhance National Pride? Evidence from Monthly Surveys in a Multi-ethnic Society - Latvia,” *Studies in Ethnicity and Nationalism* 18（3）（December 2018），「偶然と党略が生み出したインターネット投票――エストニアによる世界初導入へと至る政治過程」日本政治学会編『年報政治学』2018–II（木鐸社，2019年2月）など。

索　引

［サ　行］

［マ　行］

［ヤ　行］

［ラ　行］

注　　記

第1章　序　　論

（1）Ella Morton, “Golden Statues and Mother Bread: The Bizarre Legacy of Turkmenistan’s Former Dictator,” *Slate*, February 6, 2014, http://www.slate.com/blogs/atlas_obscura/2014/02/06/saparmurat_niyazov_former_president_of_turkmenistan_has_left_quite_the_legacy.html, accessed October 2, 2017; “Factbox: Gaddafi Rule Marked by Abuses, Rights Groups Say,” *Reuters*, February 22, 2011, https://www.reuters.com/article/us-libya-protest-abuses/factbox-gaddafi-rule-marked-by-abuses-rights-groups-say-idUSTRE71L1NH20110222, accessed October 2, 2017.

（2）Natina Tan, “Institutionalized Hegemonic Party Rule in Singapore,” in *Party Institutionalization in Asia: Democracies, Autocracies and the Shadows of the Past*, edited by Erik Kuhonta and Allen Hicken（New York, NY: Cambridge University Press, 2015）, pp. 49–73.

（3）“Freedom in the World 2017,” Freedom House, https://freedomhouse.org/report/freedom-world/freedom-world-2017, accessed October 2, 2017.

（4）これらの統計は「権威主義体制データセット（Autocratic Regimes Data Set）」に由来し，これを筆者がアップデートした。以下の文献を参照。Barbara Geddes, Joseph Wright, and Erica Frantz, “Autocratic Breakdown and Regime Transitions: A New Data Set,” *Perspectives on Politics* 12, no. 2（2014）: pp. 313–331.

（5）Jeffrey Conroy-Krutz and Erica Frantz, “Theories of Democratic Change Phase II: Paths Away from Authoritarianism,” USAID, September 1, 2017, https://www.iie.org/Research-and-Insights/Publications.

（6）Stanley G. Payne, “Twentieth-Century Dictatorships: The Ideological One-Party States,” *American Historical Review* 101, no. 4（1996）: p. 1187.

（7）Oisin Tansey, *The International Politics of Authoritarian Rule*（Oxford, UK: Oxford University Press, 2016）, p. 3.

（8）Martin Stuart Fox, “Laos: Politics in a Single-Party State,” *Southeast Asian Affairs*（2007）: pp. 159–180.

（9）“Laos Country Profile,” *BBC News*, June 14, 2017, http://www.bbc.com/news/world-asia-pacific-15351898, accessed October 2, 2017.

（10）“Laos Comes Up Short Again on Annual International Press Freedom Ranking,” Radio Free Asia, April 20, 2016, http://www.rfa.org/english/news/laos/laos-comes-up-short-again-on-annual-international-press-freedom-ranking-04202016161328. html, accessed

October 2, 2017.

(11) Sheila Fitzpatrick, *On Stalin's Team: The Years of Living Dangerously in Soviet Politics* (Princeton, NJ: Princeton University Press, 2015), p. 278.

(12) "Medvedev Insists He's the Boss in Russia," *Reuters*, March 29, 2009, http://www.reuters.com/article/us-russia-medvedev-power/medvedev-insists-hes-the-boss-in-russia-idUSTRE52S0W720090329, accessed October 13, 2017.

(13) Christopher S. P. Magee, and John A. Doces, "Reconsidering Regime Type and Growth: Lies, Dictatorships, and Statistics," *International Studies Quarterly* 59, no. 2 (2014): pp. 223–237.

(14) Paul H. Lewis, "Salazar's Ministerial Elite, 1932–1968," *Journal of Politics* 40, no. 3 (1978): p. 622.

(15) Geddes, Wright, and Frantz, "Autocratic Breakdown and Regime Transitions," p. 327.

(16) Ibid., p. 317.

(17) Philippe C. Schmitter and Terry Lynn Karl, "What Democracy Is . . . and Is Not," *Journal of Democracy* 2, no. 3 (1991): pp. 75–88.

(18) Adam Przeworski, Michael Alvarez, José Antonio Cheibub, and Fernando Limongi, *Democracy and Development: Political Institutions and Well-Being in the World, 1950–1990* (Cambridge, UK: Cambridge University Press, 2000), pp. 15–18.

(19) 本書で使用する権威主義体制の開始と終了についてのデータは，Geddes, Wright, and Frantz, "Autocratic Breakdown and Regime Transitions" に依拠している。

(20) Paul Brooker, *Non-Democratic Regimes: Theory, Government, and Politics* (London, UK: Macmillan Press, 2000).

(21) Jeffrey C. Isaac, *Democracy in Dark Times* (Ithaca, NY: Cornell University Press, 1998), p. 26.

(22) Erica Frantz, "Autocracy," in *Oxford Research Encyclopedia of Politics* (2016), http://politics.oxfordre.com/view/10.1093/acrefore/9780190228637.001.0001/acrefore 9780190228637-e-3, accessed October 2, 2017.

(23) Carl Schmitt, *Dictatorship* (Cambridge, UK: Polity Press, [1921] 2013)〔カール・シュミット／田中浩・原田武雄訳『独裁——近代主権論の起源からプロレタリア階級闘争まで』未來社，1991 年〕.

(24) Emilio Rabasa, *La Constitución y la Dictadura. Estudio Sobre la Organización Política de México* (Mexico City, Mexico: Porrúa, [1912] 1976).

(25) Hannah Arendt, *The Origins of Totalitarianism* (New York, NY: Schocken Books, 1951), p. 323〔ハンナ・アーレント／大久保和郎・大島通義・大島かおり訳『新版 全体主義の起原』全 3 冊，みすず書房，2017 年〕.

(26) Frantz, "Autocracy."

(27) Richard Snyder and James Mahoney, "The Missing Variable: Institutions and the Study of Regime Change," *Comparative Politics* 32, no. 1 (1999): pp. 103–122.

(28) Samuel P. Huntington and Clement H. Moore, *Authoritarian Politics in Modern Society: The Dynamics of Established One-Party Systems* (New York, NY: Basic Books, 1970).

(29) Amos Perlmutter, *The Military and Politics in Modern Times* (New Haven, CT: Yale University Press, 1977).

(30) Michael Bratton and Nicolas van de Walle, *Democratic Experiments in Africa: Regime Transitions in Comparative Perspective* (Cambridge, UK: Cambridge University Press, 1997).

(31) Ibid.

(32) Jennifer Gandhi and Ellen Lust-Okar, "Elections Under Authoritarianism," *Annual Review of Political Science* 12 (2009): pp. 403–422.

(33) Andrea Kendall-Taylor and Erica Frantz, "Mimicking Democracy to Prolong Autocracies," *Washington Quarterly* 37, no. 4 (2014): pp. 71–84.

(34) Ibid.

(35) Geddes, Wright, and Frantz, "Autocratic Breakdown and Regime Transitions."

第２章　権威主義政治を理解する

(１) こうした，体制リーダーが権力維持のために支持を取りつけておくべき人びととの一団は，支持基盤理論（Selectorate Theory）におけるコアな支持者（selectorate）の概念に類似している。以下の文献を参照。Bruce Bueno de Mesquita, Alastair Smith, Randolph M. Siverson, and James D. Morrow, *The Logic of Political Survival* (Cambridge, MA: MIT Press, 2003).

(２) たとえば，"Is Iran's Presidential Election Free and Fair?" RadioFreeEurope/RadioLiberty, May 1, 2017, https://www.rferl.org/a/is-irans-presidential-election-free-and-fair/28457503.html, accessed October 13, 2017 を参照。

(３) Muhammad Sahimi, "Analysis: Ahmadinejad-Khamenei Rift Deepens into Abyss," *Frontline PBS*, May 7, 2011, http://www.pbs.org/wgbh/pages/frontline/tehranbureau/2011/05/opinion-ahmadinejad-khamenei-rift-deepens-to-an-abyss.html, accessed October 13, 2017.

(４) Gordon Tullock, *Autocracy* (Boston, MA: Kluwer, 1987).

(５) Barbara Geddes, Joseph Wright, and Erica Frantz, "Autocratic Breakdown and Regime Transitions: A New Data Set," *Perspectives on Politics* 12, no. 2 (2014), p. 327.

(６) Ibid., p. 320.

(７) "Hissene Habre: Chad's Ex-ruler Convicted of Crimes against Humanity," *BBC News*, May 30, 2016, http://www.bbc.com/news/world-africa-36411466, accessed October 12, 2017.

(８) "Human Development Report 2016: Congo (Democratic Republic of the)," United Nations Development Programme, 2016, http://hdr.undp.org/sites/all/themes/hdr_theme/country-notes/COD.pdf, accessed October 12, 2017.

(９) 一般的にトリホス体制は，ノリエガ体制とは異なると考えられている。それは，前者では国家警備隊の将校らと文民とが協力して政策を決定したのに対し，後者で政策決定に関わっていたのは国家警備隊の一部とわずかな文民のみだったからである。以下の文献を参照。Barbara Geddes, Joseph Wright, and Erica Frantz,

"Autocratic Regimes Code Book," Version 1.2, *Autocratic Regime Data*, 2014, http://sites.psu.edu/dictators/wp-content/uploads/sites/12570/2016/05/GWF-Codebook.pdf, accessed October 12, 2017.

(10) Robert Jackson Alexander and Eldon M. Parker, *A History of Organized Labor in Panama and Central America* (Westport, CT: Praeger, 2008), p. 9.

(11) Peter Eisner, "Manuel Noriega, Panamanian Strongman Toppled in U. S. Invasion, Dies at 83," *The Washington Post*, May 30, 2017, https://www.washingtonpost.com/world/the_americas/manuel-noriega-panamanian-strongman-toppled-in-us-invasion-dies-at-83/2017/05/30/9c2d77bc-0384-11e7-b9fa-ed727b644a0b_story.html?utm_term=.5ed3bc0fc33a, accessed October 12, 2017.

第３章　権威主義体制の風景

(１) Barbara Geddes, "What Causes Democratization," in *The Oxford Handbook of Comparative Politics*, edited by Carles Boix and Susan Carol Stokes (Oxford, UK: Oxford University Press, 2007), pp. 317–339.

(２) Ibid., p. 317.

(３) 発展のレベルは，以下の論文で提示された１人あたりの GDP を使用して計測している。Kristian Skrede Gleditsch, "Expanded Trade and GDP Data," *Journal of Conflict Resolution* 46, no. 5 (2002): pp. 712–724. 政治システムは，以下で提示されたポリティのスコアを統合したうえで使用し，計測している。"Polity IV Project: Political Regime Characteristics and Transitions, 1800–2015," Polity IV, http://www.systemicpeace.org/polity/polity4.htm, accessed March 15, 2017. これらのスコアはマイナス 10 から 10 までの範囲で，より高いスコアはより高い「民主主義」のレベルを示す。ここでは，もしスコアが７かそれ以上であれば民主主義国と考える。

(４) Kristian Skrede Gleditsch and Michael D. Ward, "Diffusion and the International Context of Democratization," *International Organization* 60, no. 3 (2006): pp. 911–933.

(５) Carles Boix and Susan Carol Stokes, "Introduction," in *The Oxford Handbook of Comparative Politics*, edited by Carles Boix and Susan Carol Stokes (Oxford, UK: Oxford University Press, 2007), p. xiii.

(６) Natasha Ezrow, Erica Frantz, and Andrea Kendall-Taylor, *Development and the State in the 21st Century: Tackling the Challenges of the Developing World* (London, UK: Palgrave Macmillan, 2015).

(７) Seymour Martin Lipset, "Some Social Requisites of Democracy: Economic Development and Political Legitimacy," *American Political Science Review* 53, no. 1 (1959): pp. 69–105.

(８) Barrington Moore, *Social Origins of Dictatorship and Democracy: Lord and Peasant in the Making of the Modern World* (London, UK: Penguin, 1967)〔バリントン・ムーア／宮崎隆次・森山茂徳・高橋直樹訳『独裁と民主政治の社会的起源――近代世界形成過程における領主と農民』上下，岩波文庫，2019 年〕.

(9) Ezrow, Frantz, and Kendall-Taylor, *Development and the State in the 21st Century*.

(10) Christian Davenport and David A. Armstrong II, "Democracy and the Violation of Human Rights: A Statistical Analysis from 1976 to 1996," *American Journal of Political Science* 48, no. 3 (2004): pp. 538–554.

(11) Robert T. Deacon, "Public Good Provision Under Dictatorship and Democracy," *Public Choice* 139, no. 1 (2009): pp. 241–262.

(12) Stephen Knack and Philip Keefer, "Institutions and Economic Performance: Cross-Country Tests Using Alternative Institutional Measures," *Economics & Politics* 7, no. 3 (1995): pp. 207–227.

(13) Pak Hung Mo, "Corruption and Economic Growth," *Journal of Comparative Economics* 29, no. 1 (2001): pp. 66–79; Daniel Lederman, Norman V. Loayza, and Rodrigo R. Soares, "Accountability and Corruption: Political Institutions Matter," *Economics & Politics* 17, no. 1 (2005): pp. 1–35.

(14) Adam Przeworski, Michael Alvarez, José Antonio Cheibub, and Fernando Limongi, *Democracy and Development: Political Institutions and Well-Being in the World, 1950–1990* (Cambridge, UK: Cambridge University Press, 2000).

(15) Geddes, "What Causes Democratization."

(16) Joshua Massarenti, "Przeworski: 'No Democracy without free, competitive elections,' " *Afronline*, April 12, 2011, https://www.afronline.org/?p=14539, accessed October 26, 2017.

(17) Samuel P. Huntington, "Democracy's Third Wave," *Journal of Democracy* 2, no. 2 (1991): pp. 12–34.

(18) Ibid.

(19) Larry Diamond, "A Fourth Wave or False Start?" *Foreign Affairs*, May 22, 2011, https://www.foreignaffairs.com/articles/middle-east/2011-05-22/fourth-wave-or-false-start, accessed October 19, 2017.

(20) Huntington, "Democracy's Third Wave."

(21) Ibid., p. 12.

(22) Ibid., pp. 17–18.

(23) "Democracy in the Former Soviet Union: 1991–2004," *Eurasianet.org*, January 2, 2005, http://www.eurasianet.org/departments/insight/articles/pp010305.shtml, accessed October 19, 2017.

(24) Larry Diamond, "Is Pakistan the (Reverse) Wave of the Future?," *Journal of Democracy* 11, no. 3 (2000): pp. 91–106.

(25) Andrea Kendall-Taylor and Erica Frantz, "Mimicking Democracy to Prolong Autocracies," *Washington Quarterly* 37, no. 4 (2014): pp. 71–84.

(26) "Freedom in the World 2017," Freedom House, https://freedomhouse.org/report/freedom-world/freedom-world-2017, accessed October 2, 2017.

第4章　権威主義リーダーシップ

(1) Erica Frantz and Natasha Ezrow, *The Politics of Dictatorship: Institutions and Outcomes in Authoritarian Regimes* (Boulder, CO: Lynne Rienner, 2011).

(2) "Idi Amin," *The Scotsman*, August 18, 2003, http://www.scotsman.com/news/obituaries/idi-amin-1-660737, accessed October 23, 2017.

(3) Samuel Decalo, "African Personalist Dictatorships," *Journal of Modern African Studies* 23, no. 2 (1985): pp. 209–237.

(4) Ibid.

(5) Ludger Helms, *Comparing Political Leadership* (New York, NY: Palgrave Macmillan, 2012), p. 8.

(6) Robert Jervis, "Do Leaders Matter and How Would We Know?," *Security Studies* 22, no. 2 (2013): pp. 153–179.

(7) Jeffrey Conroy-Krutz and Erica Frantz, "Theories of Democratic Change Phase II: Paths Away from Authoritarianism," USAID, September 1, 2017, https://www.iie.org/Research-and-Insights/Publications.

(8) Frantz and Ezrow, *The Politics of Dictatorship*.

(9) Ronald Wintrobe, *The Political Economy of Dictatorship* (Cambridge, UK: Cambridge University Press, 1998).

(10) "State Security Chief U Tong Chuk Promoted," *North Korea Leadership Watch*, April 14, 2010, http://www.nkleadershipwatch.org/2010/04/14/state-security-chief-u-tong-chuk-promoted/, accessed May 3, 2018.

(11) Simon Mundy, "Kim Jong Un Purge Suggests Struggle for Loyalty in North Korea," *Financial Times*, May 14, 2015, https://www.ft.com/content/690d17d6-fa15-11e4-b432-00144feab7de, accessed May 3, 2018.

(12) Natasha Ezrow and Erica Frantz, *Failed States and Institutional Decay: Understanding Instability and Poverty in the Developing World* (London, UK: Bloomsbury, 2014), p. 223.

(13) Michael Bratton and Nicolas van de Walle, "Neo-Patrimonial Regimes and Political Transitions in Africa," *World Politics* 46, no. 4 (1994): pp. 453–489.

(14) Ezrow and Frantz, *Failed States and Institutional Decay*, pp. 192–193.

(15) Storer H. Rowley, "If Hussein Is the 'Godfather,' Republican Guard Is the 'Family,'" *Chicago Tribune*, January 27, 1991, http://articles.chicagotribune.com/1991-01-27/news/9101080595_1_guard-divisions-guard-units-republican-guard, accessed October 23, 2017.

(16) Barbara Geddes, "Minimum-Winning Coalitions and Personalization of Rule in Authoritarian Regimes," paper presented at the American Political Science Association Annual Meeting, Chicago, IL (2004).

(17) Milan Svolik, *The Politics of Authoritarian Rule* (Cambridge, UK: Cambridge University Press, 2012).

(18) Andrea Kendall-Taylor, Erica Frantz, and Joseph Wright, "The Global Rise of Personal-

ized Politics: It's Not Just Dictators," *Washington Quarterly* 40, no. 1 (2017): pp. 7–19.

(19) Ibid.

(20) Ibid.

(21) Jeremy Brown, "Terrible Honeymoon: Struggling with the Problem of Terror in Early 1950s China," *UCSD Modern Chinese History*, May 1, 2010, https://ucsdmodernchinesehistory.wordpress.com/2010/05/01/1045/, accessed October 23, 2017.

(22) Michael Forsythe, "Q. and A.: Carl Minzer on the Shift to Personalized Rule in China," *The New York Times*, May 24, 2016, https://www.nytimes.com/2016/05/25/world/asia/china-carl-minzner-xi-jinping.html, accessed October 23, 2017.

(23) Geddes, "Minimum-Winning Coalitions and Personalization of Rule in Authoritarian Regimes."

(24) Svolik, *The Politics of Authoritarian Rule*.

(25) 1つ目は，Geddes, "Minimum-Winning Coalitions and Personalization of Rule in Authoritarian Regimes" より，残り5つは，Kendall-Taylor, Frantz, and Wright, "The Global Rise of Personalized Politics" より。

(26) Geddes, "Minimum-Winning Coalitions and Personalization of Rule in Authoritarian Regimes."

(27) Fiona Hill and Cliff Gaddy, *Mr. Putin: Operative in the Kremlin* (Washington, DC: Brookings Institute Press, 2013)〔フィオナ・ヒル，クリフォード・G・ガディ／濱野大道・千葉敏生訳，畔蒜泰助監修『プーチンの世界――「皇帝」になった工作員』新潮社，2016年〕.

(28) Benedict Mander, "Venezuela: Up in Smoke," *Financial Times*, September 16, 2012, https://www.ft.com/content/e0cdedba-fe4e-11e1-8228-00144feabdc0, accessed October 24, 2017.

(29) Paul Kirby, "Turkey Coup Attempt: Who's the Target of Erdogan's Purge," *BBC News*, July 20, 2016, http://www.bbc.com/news/world-europe-36835340, accessed October 24, 2017.

(30) Kevin Woods, James Lacey, and Williamson Murray, "Saddam's Delusions: The View from the Inside," *Foreign Affairs* 85, no. 3 (2006)〔ケビン・ウッド，ジェームズ・レーシー，ウィリアムソン・マレー「旧イラク軍高官たちが証言するサダム・フセインの妄想」『論座』133号，2006年6月，90–109頁〕.

(31) Steve Douglas, "Referendum: Hitler's 'Democratic' Weapon to Forge Dictatorship," *Executive Intelligence Review* 4, no. 14 (2005); Frederick T. Birchall, "Hitler Endorsed by 9 to 1 in Poll on His Dictatorship, but Opposition Is Doubled," *The New York Times*, August 19, 1934.

(32) Stephen Kurczy, "5 Reasons Why Haiti's Jean-Claude Duvalier Is Infamous," *Christian Science Monitor*, January 20, 2011, https://www.csmonitor.com/World/Americas/2011/0120/5-reasons-why-Haiti-s-Jean-Claude-Duvalier-is-infamous/Tonton-Macoutes, accessed October 24, 2017.

（33）Kendall-Taylor, Frantz, and Wright, “The Global Rise of Personalized Politics.”

（34）Eric Chang and Miriam A. Golden, “Sources of Corruption in Authoritarian Regimes,” *Social Science Quarterly* 91, no. 1（2010）: pp. 1–20.

（35）Jessica L. Weeks, “Strongmen and Straw Men: Authoritarian Regimes and the Initiation of International Conflict,” *American Political Science Review* 106, no. 2（2012）: pp. 326–347.

（36）Christopher Way and Jessica L. Weeks, “Making It Personal: Regime Type and Nuclear Proliferation,” *American Journal of Political Science* 58, no. 3（2014）: pp. 705–719.

（37）Frantz and Ezrow, *The Politics of Dictatorship*.

（38）Michaela Mattes and Mariana Rodriguez, “Autocracies and International Cooperation,” *International Studies Quarterly* 58, no. 3（2014）: pp. 527–538.

（39）Joseph Wright, “How Foreign Aid Can Foster Democratization in Authoritarian Regimes,” *American Journal of Political Science* 53, no. 3（2009）: pp. 552–571.

（40）Barbara Geddes, Joseph Wright, and Erica Frantz, “Autocratic Breakdown and Regime Transitions: A New Data Set,” *Perspectives on Politics* 12, no. 2（2014）.

（41）この分類の出典は，Andrea Kendall-Taylor and Erica Frantz, “How Autocracies Fall,” *Washington Quarterly* 37, no. 1（2014）: pp. 35–47 より。本書で用いた権威主義リーダーの退出についてのデータは，Svolik, *The Politics of Authoritarian Rule* より。同書は 1950 年から 2008 年までをカバーしている。2009 年から 2012 年までのデータの出典は，Kendall-Taylor and Frantz in “How Autocracies Fall” より。

（42）この用語法については，Hein Goemans, Kristian Gleditsch, and Giacomo Chiozza, “Introducing Archigos: A Data Set of Political Leaders,” *Journal of Peace Research* 46, no. 2（2009）: pp. 269–283 による。

（43）Floriana Fossato, “Russia: Analysis-Reasons Behind Yeltsin’s Resignation,” RadioFreeEurope/RadioLiberty, December 9, 1999, https://www.rferl.org/a/1093002.html, accessed October 27, 2017.

（44）Kendall-Taylor and Frantz, “How Autocracies Fall.”

（45）Nikolay Marinov and Hein Goemans, “Coups and Democracy,” *British Journal of Political Science* 44, no. 4（2013）: pp. 799–825.

（46）Kendall-Taylor and Frantz, “How Autocracies Fall.”

（47）Mohamed Nagdy and Max Roser, “Civil Wars,” *Our World in Data*, 2016, https://ourworldindata.org/civil-wars/, accessed October 27, 2017.

（48）Kendall-Taylor and Frantz, “How Autocracies Fall.”

（49）本書で用いたリーダーの命運についてのデータは，Hein Goemans, Kristian Gleditsch, and Giacomo Chiozza, “Introducing Archigos” による。これらのデータは 2004 年までのものである。

（50）William Taubman, *Krushchev: The Man and His Era*（New York, NY: W. W. Norton, 2003）.

（51）Abel Escriba-Folch and Joseph Wright, “Human Rights Prosecutions and Autocratic Survival,” *International Organization* 69, no. 2（2015）: p. 354.

（52）その概要については，Erica Frantz, Andrea Kendall-Taylor, and Natasha Ezrow, "Autocratic Fate: How Leaders' Post-Tenure Expectations Influence the Behavior of Dictatorships," *Whitehead Journal of International Diplomacy* 15, no. 1（2014）: pp. 1–17を参照。

（53）Alexandre Debs and Hein E. Goemans, "Regime Type, the Fate of Leaders, and War," *American Political Science Review* 104, no. 3（2010）: pp. 430–445; Giacomo Chiozza and Hein E. Goemans, *Leaders and International Conflict*（Cambridge, UK: Cambridge Press, 2011）.

（54）Weeks, "Strongmen and Straw Men."

（55）Library of Congress, "Uganda: A Country Study"（Washington, DC: Federal Research Division, 1992）; Herman Lupogo, "Tanzania: Civil-Military Relations and Political Stability," *African Security Review* 10, no. 1（2001）: pp. 75–86.

（56）Abel Escriba-Folch, "Repression, Political Threats, and Survival under Autocracy," *International Political Science Review* 34, no. 5（2013）: pp. 543–560.

（57）Geddes, Wright, and Frantz, "Autocratic Breakdown and Regime Transitions."

（58）Ibid.

（59）Barbara Geddes, *Paradigms and Sand Castles*（Ann Arbor: University of Michigan Press, 2003）.

（60）Andrea Kendall-Taylor and Erica Frantz, "When Dictators Die," *Journal of Democracy* 27, no. 4（2016）: pp. 159–171.

第5章　権威主義体制のタイプ

（1）"Robert Mugabe Could Contest Election as Corpse, Says Wife," *The Guardian*, February 17, 2017, https://www.theguardian.com/world/2017/feb/17/robert-mugabe-could-contest-election-as-corpse-says-wife, accessed October 30, 2017.

（2）"Zimbabwe," *Transparency International*, https://www.transparency.org/country/ZWE, accessed October 30, 2017.

（3）"Botswana's Ian Khama to Step Down Next Year," *The East African*, March 21, 2017, http://www.theeastafrican.co.ke/news/Botswana-Ian-Khama-step-down-next-year/2558-3858598-sv90m6/index.html, accessed October 30, 2017.

（4）"Botswana," *Transparency International*, https://www.transparency.org/country/BWA, accessed October 30, 2017.

（5）"New Man, New Discipline," *Africa Confidential*, April 11, 2008, https://www.africa-confidential.com/article-preview/id/2541/New_man%2c_new_discipline, accessed October 30, 2017.

（6）"Botswana," *Freedom House*, 2017, https://freedomhouse.org/report/freedom-world/2017/Botswana, accessed October 30, 2017.

（7）本書で用いられる政党・議会についての情報は，José Antonio Cheibub, Jennifer Gandhi, and James Raymond Vreeland, "Democracy and Dictatorship Revisited," *Public Choice* 143, no. 1–2（2010）: pp. 67–101より。これらのデータは2008年までのも

のとなる。本書で用いる選挙についてのデータは，NELDA data set［Susan D. Hyde and Nikolay Marinov, "Which Elections Can Be Lost?" *Political Analysis* 20, no. 2（2012）: pp. 191–210 を参照］であり，2010 年までのものである。

（8）これらの戦術や目的についてのより詳細な議論として，Erica Frantz and Lee Morgenbesser, " 'Smarter' Authoritarianism: The Survival Tools of Dictators," paper presented at the Southern Political Science Association Annual Meeting, New Orleans, LA（2017）を参照。

（9）Andrea Kendall-Taylor and Erica Frantz, "Mimicking Democracy to Prolong Autocracies," *Washington Quarterly* 37, no. 4（2014）.

（10）Natasha Ezrow and Erica Frantz, *Dictators and Dictatorships: Understanding Authoritarian Regimes and Their Leaders*（New York, NY: Continuum, 2011）.

（11）Ibid.

（12）Larry J. Diamond, "Thinking About Hybrid Regimes," *Journal of Democracy* 13, no. 2（2002）: pp. 21–35.

（13）Steven Levitsky and Lucan A. Way, "The Rise of Competitive Authoritarianism," *Journal of Democracy* 13, no. 2（2002）: pp. 5–21.

（14）Andreas Schedler（ed.）, *Electoral Authoritarianism: The Dynamics of Unfree Competition*（Boulder, CO: Lynne Rienner, 2006）.

（15）"Political Regime Characteristics and Transitions, 1800–2010," *Polity IV*, 2010, http://www.systemicpeace.org/polity/polity4.htm, accessed November 2, 2017.

（16）"Freedom in the World 2017," *Freedom House*, 2017, http://www.freedomhouse.org/report/freedom-world/freedom-world-2014, accessed November 2, 2017.

（17）Natasha Ezrow, "Hybrid Regimes," in *The SAGE Encyclopedia of Political Behavior*, edited by Fathali M. Moghaddam（Thousand Oaks, CA: SAGE, 2017）, pp. 366–370.

（18）Diamond, "Thinking About Hybrid Regimes," p. 28.

（19）Ronald Wintrobe, *The Political Economy of Dictatorship*（Cambridge, UK: Cambridge University Press, 1998）; Stephen Haber, "Authoritarian Government," in *The Oxford Handbook of Political Economy*, edited by Barry Weingast and Donland Wittman（Oxford, UK: Oxford University Press, 2006）, pp. 693–707.

（20）Barbara Geddes, Joseph Wright, and Erica Frantz, "Autocratic Breakdown and Regime Transitions: A New Data Set," *Perspectives on Politics* 12, no. 2（2014）; Michael Wahman, Jan Teorell, and Axel Hadenius, "Authoritarian Regime Types Revisited: Updated Data in Comparative Perspective," *Contemporary Politics* 19, no. 1（2013）: pp. 19–34; Cheibub, Gandhi, and Vreeland, "Democracy and Dictatorship Revisited."

（21）Erica Frantz, "Autocracy," in *Oxford Research Encyclopedia of Politics*（2016）, http://politics.oxfordre.com/view/10.1093/acrefore/9780190228637.001.0001/acrefore-9780190228637-e-3, accessed October 2, 2017.

（22）Cheibub, Gandhi, and Vreeland, "Democracy and Dictatorship Revisited"; Steffen Kailitz, "Classifying Political Regimes Revisited: Legitimation and Durability," *Democratization* 20, no. 1（2013）: pp. 39–60; Gustav Liden, "Theories of Dictatorships: Sub-

types and Explanations," *Studies of Transition States and Societies* 6, no. 1 (2014): pp. 50–67; Wahman, Teorell, and Hadenius, "Authoritarian Regime Types Revisited."

(23) Geddes, Wright, and Frantz, "Autocratic Breakdown and Regime Transitions."

(24) Barbara Geddes, *Paradigms and Sand Castles: Theory Building and Research Design in Comparative Politics* (Ann Arbor: University of Michigan Press, 2003).

(25) Ibid.; Michael Bratton and Nicolas van de Walle, "Neopatrimonial Regimes and Political Transitions in Africa," *World Politics* 46, no. 4 (1994): pp. 453–489.

(26) Peter B. Mayer, "Militarism and Development in Underdeveloped Societies," in *Encyclopedia of Violence, Peace and Conflict*, edited by Lester R. Kurtz and Jennifer E. Turpin (San Diego, CA: Academic Press, 1999), p. 434.

(27) Barbara Geddes, Erica Frantz, and Joseph G. Wright, "Military Rule," *Annual Review of Political Science* 17, no. 1 (2014): pp. 147–162.

(28) Geddes, *Paradigms and Sand Castles*.

(29) Barbara Geddes, Joseph Wright, and Erica Frantz, *How Dictatorships Work* (New York, NY: Cambridge University Press, 2018).

(30) Geddes, *Paradigms and Sand Castles*.

(31) Blaine Harden, "Zaire's President Mobutu Sese Seko: Political Craftsman Worth Billions," *The Washington Post*, November 10, 1987, p. A1.

(32) Natasha Ezrow and Erica Frantz, *Failed States and Institutional Decay: Understanding Instability and Poverty in the Developing World* (London, UK: Bloomsbury, 2014).

(33) Geddes, Wright, and Frantz, "Autocratic Breakdown and Regime Transitions."

(34) Ibid.

(35) Jessica L. Weeks, "Strongmen and Straw Men: Authoritarian Regimes and the Initiation of International Conflict," *American Political Science Review* 106, no. 2 (2012): pp. 326–347.

(36) Mark Peceny, Caroline C. Beer, and Shannon Sanchez-Terry, "Dictatorial Peace?" *American Political Science Review* 96, no. 2 (2001): pp. 15–26.

(37) Christopher Way and Jessica L. Weeks, "Making It Personal: Regime Type and Nuclear Proliferation," *American Journal of Political Science* 58, no. 3 (2014): pp. 705–719.

(38) Michaela Mattes and Mariana Rodriguez, "Autocracies and International Cooperation," *International Studies Quarterly* 58, no. 3 (2014): pp. 527–538.

(39) Abel Escriba-Folch and Joseph Wright, "Dealing with Tyranny: International Sanctions and the Survival of Authoritarian Rulers," *International Studies Quarterly* 54, no. 2 (2010): pp. 335–359.

(40) Dan Reiter and Allan C. Stam, "Identifying the Culprit: Democracy, Dictatorship, and Dispute Initiation," *American Political Science Review* 97, no. 3 (2003): pp. 333–337.

(41) Erica Frantz and Natasha Ezrow, *The Politics of Dictatorship: Institutions and Outcomes in Authoritarian Regimes* (Boulder, CO: Lynne Rienner, 2011).

(42) Ibid.

(43) Joseph Wright, "How Foreign Aid Can Foster Democratization in Authoritarian Re-

gimes," *American Journal of Political Science* 53, no. 3 (2009): pp. 552–571.

(44) Joseph Wright, "Do Authoritarian Institutions Constrain? How Legislatures Affect Economic Growth and Investment," *American Journal of Political Science* 52, no. 2 (2008): pp. 322–343.

(45) Eric Chang and Miriam A. Golden, "Sources of Corruption in Authoritarian Regimes," *Social Science Quarterly* 91, no. 1 (2010): pp. 1–20.

(46) Geddes, *Paradigms and Sand Castles*.

(47) Jay Ulfelder, "Contentious Collective Action and the Breakdown of Authoritarian Regimes," *International Political Science Review* 26, no. 3 (2005): pp. 311–334.

(48) Christian Davenport, "State Repression and the Tyrannical Peace," *Journal of Peace Research* 44, no. 4 (2007): 485–504.

(49) Hanne Fjelde, "Generals, Dictators, and Kings: Authoritarian Regimes and Civil Conflict, 1973–2004," *Conflict Management and Peace Science* 27, no. 3 (2010): pp. 195–218.

(50) リーダーの在位期間と崩壊のデータは，Hein Goemans, Kristian Gleditsch, and Giacomo Chiozza, "Introducing Archigos: A Data Set of Political Leaders," *Journal of Peace Research* 46, no. 2 (2009): pp. 269–283 による。

(51) Frantz and Ezrow, *The Politics of Dictatorship*.

(52) Geddes, Wright, and Frantz, "Autocratic Breakdown and Regime Transitions."

(53) ミャンマーでは 2010 年の選挙で文民政府が導入され，2015 年には両院で野党勢力が多数派へと転じた。ただし，軍の政治への影響力は残存しており，（本書執筆段階では）軍が権力から完全に手を引くと判断するのは早計である。

(54) Kendall-Taylor, Frantz, and Wright, "The Global Rise of Personalized Politics."

(55) Ibid.

第 6 章　権威主義体制の権力獲得のしかた

(1) 権威主義体制の権力獲得の方法に関するデータについては，Barbara Geddes, Joseph Wright, and Erica Frantz, *How Dictatorships Work* (New York, NY: Cambridge University Press, 2018) による。権力を獲得した出来事の解説については，Barbara Geddes, Joseph Wright, and Erica Frantz, "Autocratic Regimes Code Book," Version 1.2, *Autocratic Regime Data*, 2014, http://sites.psu.edu/dictators/wp-content/uploads/sites/12570/2016/05/GWF-Codebook.pdf, accessed October 12, 2017 による。

(2) ベネズエラにおける民主主義の崩壊がとりわけゆっくりで巧妙であった。以下を参照。Javier Corrales and Michael Penfold-Becerra, "Venezuela: Crowding Out the Opposition," *Journal of Democracy* 18, no. 2 (2007): pp. 99–113; Javier Corrales, "The Authoritarian Resurgence: Autocratic Legalism in Venezuela," *Journal of Democracy* 26, no. 2 (2015): pp. 37–51.

(3) Geddes, Wright, and Frantz, *How Dictatorships Work*.

(4) 新しい独裁の割合に関しては，多くの国が一斉に独立した冷戦の終結以降ほとんど変化がない。その割合は現在 22% で，多くがソ連の崩壊によるものであっ

た。

(5) Ellen Lust and David Waldner, "Theories of Democratic Change Phase I: Unwelcome Change: Understanding, Evaluation, and Extending Theories of Democratic Backsliding," USAID, June 11, 2015, https://www.iie.org/Research-and-Insights/Publications, p. 67.

(6) Ibid.

(7) "How Poland's Government Is Weakening Democracy," *The Economist*, July 25, 2017, https://www.economist.com/blogs/economist-explains/2017/07/economist-explains-25, accessed November 13, 2017.

(8) Joshua Keating, "European Countries Are Backsliding on Democracy, and the EU Is Powerless to Stop Them," *Slate*, January 13, 2016, http://www.slate.com/blogs/the_slatest/2016/01/13/poland_is_backsliding_on_democracy_and_the_eu_is_powerless_to_stop_it.html, accessed November 13, 2017.

(9) "Freedom in the World 2017: Poland," *Freedom House*, 2017, https://freedomhouse.org/report/freedom-world/2017/Poland, accessed November 13, 2017.

(10) Steven A. Cook, "How Erdogan Made Turkey Authoritarian Again," *The Atlantic*, July 21, 2016, https://www.theatlantic.com/international/archive/2016/07/how-erdogan-made-turkey-authoritarian-again/492374/, accessed November 13, 2017.

(11) "Venezuela: Chavez Allies Pack Supreme Court," *Human Rights Watch*, December 13, 2004, https://www.hrw.org/news/2004/12/13/venezuela-chavez-allies-pack-supreme-court, accessed November 14, 2017.

(12) "Closing Doors? The Narrowing of Democratic Space in Burundi," *Human Rights Watch*, November 23, 2010, https://www.hrw.org/report/2010/11/23/closing-doors/narrowing-democratic-space-burundi, accessed November 14, 2017.

(13) "Elections in Benin," *African Elections Database*, http://africanelections.tripod.com/bj.html, accessed November 14, 2017.

(14) "Zambia: Elections and Human Rights in the Third Republic," *Human Rights Watch*, 1996, https://www.hrw.org/reports/1996/Zambia.htm, accessed November 14, 2017.

(15) Henri Barkey, "Turkey Will Never Be the Same after This Vote," *The Washington Post*, April 11, 2017, https://www.washingtonpost.com/news/democracy-post/wp/2017/04/11/turkey-will-never-be-the-same-after-this-vote/?utm_term=.0351f82436d7, accessed November 14, 2017.

(16) "Turkey Referendum: Erdogan Wins Vote amid Dispute over Ballots-As It Happened," *The Guardian*, April 17, 2017, https://www.theguardian.com/world/live/2017/apr/16/turkey-referendum-recep-tayyip-erdogan-votes-presidential-powers, accessed November 14, 2017.

(17) Erica Frantz, "Democracy Dismantled: Why the Populist Threat Is Real and Serious," *World Politics Review*, March 14, 2017, https://www.worldpoliticsreview.com/articles/21516/democracy-dismantled-why-the-populist-threat-is-real-and-serious, accessed November 13, 2017.

（18）Geddes, Wright, and Frantz, "Autocratic Regimes Code Book," Version 1.2.
（19）Geddes, Wright, and Frantz, *How Dictatorships Work*.
（20）Andrea Kendall-Taylor and Erica Frantz, "How Democracies Fall Apart: Why Populism Is a Pathway to Autocracy," *Foreign Affairs*, December 5, 2016, https://www.foreignaffairs.com/articles/2016-12-05/how-democracies-fall-apart, accessed November 13, 2017〔アンドレア・ケンドール・テイラー，エリカ・フランツ「民主主義はいかに解体されていくか――ポピュリズムから独裁政治への道」『フォーリン・アフェアーズ・リポート』No. 1，2017 年，47–51 頁〕.
（21）Ibid.
（22）Robert D. Crassweller, *Peron and the Enigmas of Argentina*（New York, NY: W. W. Norton, 1987）, p. 222.
（23）"World Summit in Quotes," *BBC News*, September 4, 2002, http://news.bbc.co.uk/2/hi/africa/2231001.stm, accessed November 14, 2017.
（24）Rex A. Hudson, "The 1990 Campaign and Elections," *Peru: A Country Study*（Washington, DC: Library of Congress, 1992）.
（25）"Anti-Corruption Crusader Wins Belarus Vote: Runoff: Alexander Lukashenko Is Elected in a Landslide. He Will Be the Former Soviet Republic's First President," *Los Angeles Times*, July 11, 1994, http://articles.latimes.com/1994-07-11/news/mn-14295_1_alexander-lukashenko, accessed November 14, 2017.
（26）"Is 'Populist International' Undermining Western Democracy?," *Democracy Digest*, November 7, 2016, https://www.demdigest.org/populism-undermining-western-democracy/, accessed November 14, 2017.
（27）Kendall-Taylor and Frantz, "How Democracies Fall Apart."
（28）Florence Peschke, "Journalists Still under Pressure in Duterte's Philippines," *International Press Institute*, February 10, 2017, https://ipi.media/journalists-still-under-pressure-in-dutertes-philippines/, accessed November 15, 2017.
（29）Richard Javad Heydarian, "Rodrigo Duterte's Path to Dictatorship in the Philippines," *The National Interest*, June 1, 2017, http://nationalinterest.org/blog/the-buzz/rodrigo-dutertes-path-dictatorship-the-philippines-20952, accessed November 15, 2017.
（30）Kim Lane Scheppele, "Hungary: An Election in Question," *The New York Times*, February 28, 2014, https://krugman.blogs.nytimes.com/2014/02/28/hungary-an-election-in-question-part-1/, accessed November 15, 2017.
（31）Eszter Zalan, "Journalists Furious as Hungary's Largest Newspaper Closes," *EU Observer*, October 10, 2016, https://euobserver.com/political/135416, accessed November 15, 2017.
（32）"Hungary: Freedom in the World 2017," *Freedom House*, 2017, https://freedomhouse.org/report/freedom-world/2017/hungary, accessed November 15, 2017.
（33）"Nicaragua: Freedom in the World 2017," *Freedom House*, 2017, https://freedomhouse.org/report/freedom-world/2017/Nicaragua, accessed November 15, 2017.
（34）Cas Mudde, "The Problem with Populism," *The Guardian*, February 17, 2015, https://

www.theguardian.com/commentisfree/2015/feb/17/problem-populism-syriza-podemos-dark-side-europe, accessed November 14, 2017.

(35) Kendall-Taylor and Frantz, "How Democracies Fall Apart."

(36) Ibid.

第7章　生存戦略

(1) Ronald Wintrobe, *The Political Economy of Dictatorship* (Cambridge, UK: Cambridge University Press, 1998).

(2) Niccolò Machiavelli, *The Prince*, translated by George Bull (London, UK: Penguin Books, [1514] 1995), p. 8〔ニッコロ・マキアヴェッリ／佐々木毅全訳注『君主論』講談社学術文庫，2004年〕.

(3) Johannes Gerschewski, "The Three Pillars of Stability: Legitimation, Repression, and Co-optation in Autocratic Regimes," *Democratization* 20, no. 1 (2013): pp. 13–38.

(4) Christian Davenport, "State Repression and Political Order," *Annual Review of Political Science* 10, no. 1 (2007): p. 2.

(5) Steven Poe and Neal Tate, "Repression of Human Rights to Personal Integrity in the 1980s: A Global Analysis," *American Political Science Review* 88, no. 4 (1994): pp. 853–872.

(6) Neil MacFarquhar, "Saddam Hussein, Defiant Dictator Who Rules Iraq With Violence and Fear, Dies," *The New York Times*, December 30, 2006, http://www.nytimes.com/2006/12/30/world/middleeast/30saddam.html, accessed November 17, 2007.

(7) Ezer Vierba, "Panama's Stolen Archive," *NACLA*, https://nacla.org/article/panama's-stolen-archive, accessed November 17, 2017.

(8) Lucan A. Way and Steven Levitsky, "The Dynamics of Autocratic Coercion After the Cold War," *Communist and Post-Communist Studies* 39, no. 1 (2006): pp. 387–410.

(9) Stathis Kalyvas, *The Logic of Violence in Civil Wars* (Cambridge, UK: Cambridge University Press, 2006); Mark Irving Lichbach, "Deterrence or Escalation? The Puzzle of Aggregate Studies of Repression and Dissent," *Journal of Conflict Resolution* 31, no. 2 (1987): pp. 266–297.

(10) Way and Levitsky, "The Dynamics of Autocratic Coercion After the Cold War."

(11) Ibid., p. 392.

(12) Christopher J. Fariss, "Respect for Human Rights Has Improved Over Time: Modeling the Changing Standard of Accountability in Human Rights Documents," *American Political Science Review* 108, no. 2 (2014): 297–318.

(13) Christian Davenport, "State Repression and the Tyrannical Peace," *Journal of Peace Research* 44, no. 4 (2007): pp. 485–504.

(14) それぞれ以下を参照のこと。Mark Gibney, Linda Cornett, Reed Wood, Peter Haschke, and Daniel Arnon, "The Political Terror Scale 1976–2015," 2016, http://www.politicalterrorscale.org, accessed November 17, 2017; and David L. Cingranelli, David L. Richards, and K. Chad Clay, "The CIRI Human Rights Dataset," 2014, http://www.

humanrightsdata.com, accessed November 17, 2017.

(15) Davenport, "State Repression and the Tyrannical Peace."

(16) Ibid.

(17) "Freedom in the World 2010. Methodology," *Freedom House*, 2010, http://www.freedomhouse.org/report/freedom--world-2010/methodology, accessed November 17, 2017.

(18) Erica Frantz and Andrea Kendall-Taylor, "A Dictator's Toolkit: Understanding How Co-optation Affects Repression in Autocracies," *Journal of Peace Research* 51, no. 3 (2014): pp. 332–346.

(19) Davenport, "State Repression and the Tyrannical Peace."

(20) Ibid.

(21) Ibid., p. 17.

(22) Abel Escriba-Folch, "Repression, Political Threats, and Survival Under Autocracy," *International Political Science Review* 34, no. 5 (2013): 543–560.

(23) これらの例は，Erica Frantz and Lee Morgenbesser, " 'Smarter' Authoritarianism: The Survival Tools of Dictators," paper presented at the Southern Political Science Association Annual Meeting, New Orleans, LA (2017) から引いている。

(24) George Ayittey, *Defeating Dictators: Fighting Tyranny in Africa and Around the World* (New York, NY: Palgrave Macmillan, 2011).

(25) Kelley Bryan and Howard Rubin, "The Misuse of Bankruptcy Law in Singapore," *Lawyers' Rights Watch Canada*, 2012, http://www.lrwc.org/ws/wp-content/uploads/2012/03/MisuseOfBankruptcyLaw.pdf, accessed November 26, 2017.

(26) "Ugandan Government Deployed FinFisher Spyware to 'Crush' Opposition, Track Elected Officials and Media in Secret Operation during Post-Election Protests, Documents Reveal," *Privacy International*, 2015, https://www.privacyinternational.org/node/657, accessed November 26, 2017.

(27) Gregory Maus, "Eye in the Skynet: How Regimes Can Quell Social Movements Before They Begin," *Foreign Affairs*, July 1, 2015, https://www.foreignaffairs.com/articles/china/2015-07-01/eye-skynet, accessed November 26, 2017.

(28) Fariss, "Respect for Human Rights Has Improved Over Time."

(29) Jeff Corntassel, "Partnership in Action? Indigenous Political Mobilization and Co-optation During the First UN Indigenous Decade (1995–2004)," *Human Rights Quarterly* 29, no. 1 (2007): pp. 137–166.

(30) Andrei Shleifer and Daniel Treisman, *Without a Map: Political Tactics and Economic Reform in Russia* (Cambridge, MA: MIT Press, 2000), p. 8.

(31) Wintrobe, *The Political Economy of Dictatorship.*

(32) Beatriz Magaloni and Ruth Kricheli, "Political Order and One-Party Rule," *Annual Review of Political Science* 13, no. 1 (2010): pp. 123–143.

(33) Timur Kuran, "Now Out of Never: The Element of Surprise in the East European Revolution of 1989," *World Politics* 44, no. 1 (1991): pp. 7–48.

(34) Frantz and Kendall-Taylor, "A Dictator's Toolkit."

（35） Beatriz Magaloni, "Credible Power-Sharing and the Longevity of Authoritarian Rule," *Comparative Political Studies* 41, no. 4–5（2008）: pp. 715–741.

（36） Magaloni and Kricheli, "Political Order and One-Party Rule."

（37） Beatriz Magaloni, *Voting for Autocracy*（New York, NY: Cambridge University Press, 2006）.

（38） Jennifer Gandhi and Adam Przeworski, "Authoritarian Institutions and the Survival of Autocrats," *Comparative Political Studies* 40, no. 11（2007）: pp. 1279–1301.

（39） Jennifer Gandhi, *Political Institutions Under Dictatorship*（Cambridge, UK: Cambridge University Press, 2008）.

（40） Jennifer Gandhi and Ellen Lust-Okar, "Elections Under Authoritarianism," *Annual Review of Political Science* 12, no. 1（2009）: pp. 403–422.

（41） Ellen Lust-Okar, *Structuring Conflict in the Arab World: Incumbents, Opponents, and Institutions*（New York, NY: Cambridge University Press, 2005）.

（42） Yuen Yuen Ang, "Co-optation & Clientelism: Nested Distributive Politics in China's Single-Party Dictatorship," *Studies in Comparative International Development* 51, no. 3（2016）: pp. 235–256.

（43） David Rock, *Argentina, 1516–1987: From Spanish Colonization to Alfonsin*（Berkeley, CA: University of California Press, 1987）, p. 371.

（44） Valery Lazarev and Paul Gregory, "Commissars and Cars: A Case Study in the Political Economy of Dictatorship," *Journal of Comparative Economics* 31, no. 1（2003）: pp. 1–19.

（45） Magaloni, *Voting for Autocracy*, p. 47.

（46） 抱き込みのパターンについて支持基盤理論が何らかの含意を持つ一方，この理論を権威主義的な文脈に当てはめるのは困難であるため，ここでは論じない。つまりこの理論によれば，本来必要なコアな支持者の規模に比べて少ない味方で済んでいる体制リーダーは，その忠誠心をより安く「買う」ことができるということになる。支持基盤理論に関しては，Bruce Bueno de Mesquita, Alastair Smith, Randolph M. Siverson, and James D. Morrow, *The Logic of Political Survival*（Cambridge, MA: MIT Press, 2003）を参照。また，この理論を権威主義的状況に適用することに対する詳細な批判は，Mary E. Gallagher and Jonathan K. Hanson, "Power Tool or Dull Blade? Selectorate Theory for Autocracies," *Annual Review of Political Science* 18, no. 1（2015）: pp. 367–385 を参照。

（47） Benjamin Smith, "Life of the Party: The Origins of Regime Breakdown and Persistence under Single-Party Rule," *World Politics* 57, no. 3（2005）: p. 447.

（48） Natasha M. Ezrow and Erica Frantz, *Dictators and Dictatorships: Understanding Authoritarian Regimes and Their Leaders*（New York, NY: Continuum, 2011）.

（49） Abel Escriba-Folch and Joseph Wright, "Dealing with Tyranny: International Sanctions and the Survival of Authoritarian Rulers," *International Studies Quarterly* 54, no. 2（2010）: 335–359.

（50） Jake Maxwell Watts and Nopparat Chaichalearmmongkol, "In Thailand, a Struggle for

Control of State Firms," *The Wall Street Journal*, June 17, 2014, https://www.wsj.com/articles/in-thailand-a-struggle-for-control-of-state-firms-1402930180, accessed November 28, 2017.

(51) Lex Rieffel, "State-Owned Enterprises and the Future of the Myanmar Economy," *The Brookings Institution*, September 16, 2015, https://www.brookings.edu/blog/up-front/2015/09/16/state-owned-enterprises-and-the-future-of-the-myanmar-economy/, accessed November 28, 2012.

(52) Kristina Mani, "Military Entrepreneurs: Patterns in Latin America," *Latin American Politics and Society* 53, no. 3 (2011): p. 25.

(53) Ezrow and Frantz, *Dictators and Dictatorships*.

(54) Andrew Nathan, "Authoritarian Resilience," *Journal of Democracy* 14, no. 1 (2003), p. 14.

(55) Magaloni and Kricheli, "Political Order and One-Party Rule," p. 128.

(56) Magaloni, *Voting for Autocracy*.

(57) Barbara Geddes, "What Do We Know About Democratization After Twenty Years?" *Annual Review of Political Science* 2, no. 1 (1999): p. 129.

(58) Erica Frantz, "Autocracy," in *Oxford Research Encyclopedia of Politics* (2016), http://politics.oxfordre.com/view/10.1093/acrefore/9780190228637.001.0001/acrefore-9780190228637-e-3, accessed October 2, 2017 を参照。

(59) Thomas Pepinsky, "The Institutional Turn in Comparative Authoritarianism," *British Journal of Political Science* 44, no. 3 (2014): 631–653.

(60) Frantz and Morgenbesser, " 'Smarter' Authoritarianism."

(61) William Dobson, *The Dictator's Learning Curve: Inside the Global Battle for Democracy* (New York, NY: Doubleday, 2012), pp. 23–24.

(62) Samuel A. Greene, *Moscow in Movement: Power and Opposition in Putin's Russia* (Palo Alto, CA: Stanford University Press, 2014), p. 103.

(63) Frantz and Morgenbesser, " 'Smarter' Authoritarianism."

(64) Alexander Cooley, "Countering Democratic Norms," *Journal of Democracy* 26, no. 3 (2015): pp. 49–63.

(65) Sohrab Ahmari and Nasser Weddady, *Arab Spring Dreams: The Next Generation Speaks Out for Freedom and Justice from North Africa to Iran* (New York, NY: Macmillan, 2012), p. 161.

(66) Andrea Kendall-Taylor and Erica Frantz, "Mimicking Democracy to Prolong Autocracies," *Washington Quarterly* 37, no. 4 (2014).

(67) Gandhi, *Political Institutions Under Dictatorship*.

(68) Frantz and Kendall-Taylor, "A Dictator's Toolkit."

(69) Dobson, *The Dictator's Learning Curve*, p. 121.

(70) Erica Frantz and Andrea Kendall-Taylor, "The Evolution of Autocracy: Why Authoritarianism Is Becoming More Formidable," *Survival* 59, no. 5 (2017): pp. 57–68.

(71) Kendall-Taylor and Frantz, "Mimicking Democracy to Prolong Autocracies." 権威主義

体制のデータは1946年から入手可能であるが，過去6年間に選挙を行なったかどうかを計算するため，ここでの開始年は1951年としている。

(72) Frantz and Morgenbesser, " 'Smarter' Authoritarianism."

第8章　権威主義体制の崩壊のしかた

(1) 権威主義体制の崩壊のしかたのデータは以下の文献からの引用し，筆者がアップデートした。Barbara Geddes, Joseph Wright, and Erica Frantz, *How Dictatorships Work*（New York, NY: Cambridge University Press, 2018）. 失敗した出来事の解説は，Barbara Geddes, Joseph Wright, and Erica Frantz, "Autocratic Regimes Code Book," Version 1.2, *Autocratic Regime Data*, 2014, http://sites.psu.edu/dictators/wp-content/uploads/sites/12570/2016/05/GWF-Codebook.pdf, accessed October 12, 2017からの引用。

(2) Henry Lubega, "Amin's Downfall Begins After 20 Months in Power," *Daily Monitor*, January 16, 2017, http://www.monitor.co.ug/Magazines/PeoplePower/Amin-s-downfall-begins-after-30-months-in-power/689844-3517058-qvd3fuz/index.html, accessed November 30, 2017.

(3) ここで使用したデータセットにおいて，もし権威主義の現職が勝っても，選挙が自由で公正であっても選挙は体制変化の出来事とは考えなかった。

(4) Mark A. Uhlig, "Turnover in Nicaragua; Nicaraguan Opposition Routs Sandinistas; U. S. Pledges Aid, Tied to Orderly Turnover," *The New York Times*, February 27, 1990, http://www.nytimes.com/1990/02/27/world/turnover-nicaragua-nicaraguan-opposition-routs-sandinistas-us-pledges-aid-tied.html?pagewanted=all, accessed November 30, 2017.

(5) 反政府暴動のデータは，Erica Chenoweth and Orion Lewis, "Unpacking Nonviolent Campaigns: Introducing the NAVCO 2.0 Dataset," *Journal of Peace Research* 50, no. 3 (2013): pp. 415–423からの引用。

(6) "Somalia Profile-Timeline," *BBC News*, September 4, 2017, http://www.bbc.com/news/world-africa-14094632, accessed November 30, 2017.

(7) Maureen Covell, *Madagascar: Politics, Economics and Society*（London, UK: Francis Pinter, 1987）.

(8) Andrea Kendall-Taylor and Erica Frantz, "How Autocracies Fall," *Washington Quarterly* 37, no. 1（2014）: pp. 35–47.

(9) Jonathan M. Powell and Clayton L. Thyne, "Global Instances of Coup from 1950 to 2010: A New Dataset," *Journal of Peace Research* 48, no. 2（2011）: p. 252.

(10) クーデタのデータ（1950年から2010年までの時期が使用可能である）は，Powell and Thyne, "Global Instances of Coup from 1950 to 2010" からの引用。

(11) Deniz Aksoy, David B. Carter, and Joseph Wright, "Terrorism in Dictatorships," *Journal of Politics* 74, no. 3（2012）: pp. 810–826.

(12) これらの考えは，Barbara Geddes, *Paradigms and Sand Castles*（Ann Arbor: University of Michigan Press, 2003）に由来する。

(13) Ibid., p. 131.

(14) Ibid., p. 130.

(15) これらの要因について論じた完成度の高い先行研究のまとめとして，Jeffrey Conroy-Krutz and Erica Frantz, "Theories of Democratic Change Phase II: Paths Away from Authoritarianism," *USAID*, September 1, 2017, https://www.iie.org/Research-and-Insights/Publications を参照。

(16) Adam Przeworski, Michael Alvarez, José Antonio Cheibub, and Fernando Limongi, *Democracy and Development: Political Institutions and Well-Being in the World, 1950–1990* (Cambridge, UK: Cambridge University Press, 2000).

(17) Geddes, Wright, and Frantz, *How Dictatorships Work.*

(18) Beatriz Magaloni, *Voting for Autocracy* (New York, NY: Cambridge University Press, 2006).

(19) Joseph Wright, Erica Frantz, and Barbara Geddes, "Oil and Autocratic Regime Survival," *British Journal of Political Science* 45, no. 2 (2015): pp. 287–306.

(20) Mauricio Rivera Celestino and Kristian Skrede Gleditsch, "Fresh Carnations or All Thorn, No Rose? Nonviolent Campaigns and Transitions in Autocracies," *Journal of Peace Research* 50, no. 3 (2013): pp. 385–400.

(21) Barbara Geddes, Joseph Wright, and Erica Frantz, "Autocratic Breakdown and Regime Transitions: A New Data Set," *Perspectives on Politics* 12, no. 2 (2014): pp. 313–331.

(22) Ibid.

(23) この傾向はグローバルな民主主義の支持者の楽観主義を高めるかもしれないが，第1章で議論したように多くの場合で，近年，民主主義体制は独裁にとって代わられている。

(24) Rivera Celestino and Skrede Gleditsch, "Fresh Carnations or All Thorn, No Rose?"

(25) これらの争点に関する綿密な議論は，Conroy-Krutz and Frantz, "Theories of Democratic Change Phase II" を参照。

(26) Hans Lueders and Ellen Lust, "Multiple Measurements, Elusive Agreement, And Unstable Outcomes in the Study of Regime Change," *V-Dem Institute Working Paper*, September 2017, https://papers.ssrn.com/sol3/papers.cfm?abstract_id=3042470, accessed December 1, 2017.

(27) Log Raditlhokwa, "Botswana: Dictatorship in a Democracy," *allAfrica*, August 8, 2004, http://allafrica.com/stories/200408091208.html, accessed November 30, 2017; Nicola de Jager, "Why Elections in Botswana and South Africa Can Be 'Free' But Not 'Fair,' " *Democracy in Africa*, January 14, 2014, http://democracyinafrica.org/elections-bostwana-south-africa-can-free-fair/, accessed December 1, 2017.

(28) Lueders and Lust, "Multiple Measurements."

(29) これらの考えは，Conroy-Krutz and Frantz, "Theories of Democratic Change Phase II" からの引用である。

(30) Ibid., p. 6.

(31) たとえば，以下を参照。Andreas Schedler, *The Politics of Uncertainty: Sustaining and Subverting Electoral Authoritarianism* (Oxford, UK: Oxford University Press,

2013); Jennifer Gandhi, *Political Institutions Under Dictatorship* (Cambridge, UK: Cambridge University Press, 2008); Grigore Pop-Eleches and Graeme B. Robertson, "Information, Elections, and Political Change," *Comparative Politics* 47, no. 4 (2015): pp. 459–495.

(32) Marian Gallenkamp, "Democracy in Bhutan: An Analysis of Constitutional Change in Buddhist Monarch," *Institute of Peace and Conflict Studies*, March 2010, http://www.ipcs.org/pdf_file/issue/RP24-Marian-Bhutan.pdf, accessed December 1, 2017.

(33) Mark Farmaner, "This Burma Is a Democracy Now? Think Again," *The World Post*, November 8, 2015, https://www.huffingtonpost.com/mark-farmaner/burma-election-democracy_b_8505384.html, accessed December 1, 2017; Max Fisher, "Myanmar, Once a Hope for Democracy, Is Now a Study in How It Fails," *The New York Times*, October 19, 2017, https://www.nytimes.com/2017/10/19/world/asia/myanmar-democracy-rohingya.html?_r=0, accessed December 1, 2017.

(34) Andrea Kendall-Taylor and Erica Frantz, "Mimicking Democracy to Prolong Autocracies," *Washington Quarterly* 37, no. 4 (2014).

(35) Daniela Donno, "Elections and Democratization in Authoritarian Regimes," *American Journal of Political Science* 57, no. 3 (2013): pp. 703–716.

(36) Geddes, Wright, and Frantz, "Autocratic Breakdown."

(37) Geddes, *Paradigms and Sand Castles*.

(38) "Burkina General Says Ex-president Compaore Not Linked to Coup," *Reuters*, September 17, 2015, https://www.yahoo.com/news/burkina-general-says-ex-president-compaore-not-linked-151309050.html, accessed December 2, 2017.

(39) Paul Collier, "In Praise of the Coup," *New Humanist*, March 4, 2009, https://newhumanist.org.uk/articles/1997/in-praise-of-the-coup, accessed December 2, 2017.

(40) George Derpanopoulos, Erica Frantz, Barbara Geddes, and Joseph Wright, "Are Coups Good for Democracy?" *Research and Politics* 3, no. 1 (2016): pp. 1–7.

(41) Michael L. Ross, "Does Oil Hinder Democracy?," *World Politics* 53, no. 3 (2001): pp. 321–365.

(42) Stephen Haber and Victor Menaldo, "Do Natural Resources Fuel Authoritarianism? A Reappraisal of the Resource Curse," *American Political Science Review* 105, no. 1 (2011): pp. 1–26.

(43) Wright, Frantz, and Geddes, "Oil and Autocratic Regime Survival."

(44) Eleanor Albert, "What to Know About the Sanctions on North Korea," *Council on Foreign Relations*, November 27, 2017, https://www.cfr.org/backgrounder/what-know-about-sanctions-north-korea, accessed December 3, 2017.

(45) Hossen G. Askari, John Forrer, Hildy Teegen, and Jiawen Yang, *Economic Sanctions: Explaining Their Philosophy and Efficacy* (Westport, CT: Praeger, 2003).

(46) Abel Escriba-Folch and Joseph Wright, "Dealing with Tyranny: International Sanctions and the Survival of Authoritarian Rulers," *International Studies Quarterly* 54, no. 2 (2010), pp. 335–359.

(47) Christian von Soest and Michael Wahman, "Are Democratic Sanctions Really Counter-productive?," *Democratization* 22, no. 6 (2015): pp. 957–980.

(48) Stephen D. Collins, "Democracy Sanctions: An Assessment of Economic Sanctions as an Instrument of Democracy Promotion," *Taiwan Journal of Democracy* 5, no. 2 (2009): pp. 69–96.

(49) Simone Dietrich and Joseph Wright, "Foreign Aid and Democratic Development in Africa," in *Democratic Trajectories in Africa: Unraveling the Impact of Foreign Aid*, edited by Danielle Resnick and Nicolas van de Walle (Oxford, UK: Oxford University Press, 2013), p. 57.

(50) この文献のレビューは，Conroy-Krutz and Frantz, "Theories of Democratic Change Phase II" を参照。

(51) Abel Escriba-Folch and Joseph Wright, *Foreign Pressure and the Politics of Autocratic Survival* (Oxford, UK: Oxford University Press, 2015).

(52) Steven E. Finkel, Aníbal Pérez-Liñán, and Mitchell A. Seligson, "The Effects of U. S. Foreign Assistance on Democracy Building, 1990–2003," *World Politics* 59, no. 3 (2007): pp. 404–440.

(53) Ibid.

(54) Simone Dietrich and Joseph Wright, "Foreign Aid Allocation Tactics and Democratic Change in Africa," *Journal of Politics* 77, no. 1 (2014): pp. 216–234.

(55) Rivera Celestino and Skrede Gleditsch, "Fresh Carnations or All Thorn, No Rose?"

(56) "How Filipino People Power Toppled Dictator Marcos," *BBC News*, February 17, 2016, http://www.bbc.com/news/av/magazine-35526200/how-filipino-people-power-toppled-dictator-marcos, accessed December 4, 2017.

(57) Peter Ackerman and Jack DuVall, *A Force More Powerful: A Century of Non-Violent Conflict* (New York, NY: Palgrave Macmillan, 2000), p. 384.

第9章　結　論

(1) Barbara Geddes, Joseph Wright, and Erica Frantz, *How Dictatorships Work* (New York, NY: Cambridge University Press, 2018).

(2) Milan Svolik, "Which Democracies Will Last? Coups, Incumbent Takeovers, and the Dynamic of Democratic Consolidation," *British Journal of Political Science* 45, no. 4 (2014): pp. 715–738.

(3) たとえば，Mark J. Gasiorowski and Timothy J. Power, "The Structural Determinants of Democratic Consolidation: Evidence from the Third World," *Comparative Political Studies* 31, no. 6 (1998): pp. 740–771 を参照。